뚤기네
방구석
홈카페

뚤기네 방구석 홈카페

ddulgi

뚤기네 방구석 홈카페

뚤기 지음

베가북스
VegaBooks

Prologue

카페에 가면 만날 수 있는 달콤하고 앙증맞은 음료와 디저트들이 정말 좋았어요. 고운 색과 달콤하고 매력적인 맛까지, 좋아하지 않을 이유가 없었죠. 그래서 방과 후나 주말에 시간이 날 때면 친구들과 카페에 놀러 가서 수다를 떨며 신상 디저트를 맛보는 것이 일상이었어요.

그러다 문득, 직접 만들어보고 싶다는 생각이 들었답니다. 제가 처음 만들었던 디저트는 스콘이었어요. 핸드 믹서 같은 다른 장비 없이 어렵지 않은 작업으로 만들 수 있어서 시도했었죠. 밀가루를 손으로 반죽하고 오븐에 넣어 굽는데, 스콘이 부풀어 오르는 게 너무 신기하고 재미있었어요. 막 구운 따뜻한 스콘에 딸기잼을 발라 먹는 순간 너무 맛있어서 깜짝 놀랐답니다. 이렇게 맛있는 걸 내가 직접 만들었다는 게 너무 뿌듯했어요. 그저 직접 디저트를 만들어보고 싶다는 생각에서 시작한 일에 생각지도 못한 심리적 만족감을 얻은 거예요. 그때부터 홈베이킹의 매력에 푹 빠지게 되었고 지금까지도 그 사랑은 식지 않고 계속되고 있어요.

홈베이킹을 하면서 맛있고 달콤한 디저트에 어울리는 음료도 함께 만들어보고 싶다는 생각이 들었어요. 전 달콤한 디저트는 좋아하지만 카페에서 파는 혀가 녹을 것 같은 음료는 별로 좋아하지 않아요. 시키면 반도 못 먹고 버리는 경우가 허다하답니다. 그래서 카페에 가면 음료는 아메리카노나 카페라떼와 같은 달지 않은 커피 음료만 먹었었어요. 하지만 집에서 만들면 내 취향에 맞게 당도나 맛을 조절할 수 있기 때문에 맛있게 즐길 수 있어요. 또 그날 기분에 따라 컵을 고르고 음료에 어울리는 티코스터나 플레이트를

골라 내 취향대로  느낌대로 즐길 수 있다는 것도 정말 매력적이에요. 완성된 케이크나 음료를 예쁘게 먹는 것도 너무나 행복하지만 홈카페 & 홈베이킹은 만드는 과정 그 자체가 저한테 힐링이고 즐거움이랍니다.

이 책에 나오는 디저트들은 너무 어렵진 않은 과정들로 이루어져 있으며 초보 홈베이커분들도 충분히 따라 만들 수 있는 레시피를 주로 다루고 있어요. 또 재료나 도구에 대한 설명과 보관법, 사용법 등 기초적 내용을 하나하나 꼼꼼히 알려드린답니다.

내가 만든, 나만의 예쁘고 달콤한 디저트와 그 달콤함 뒤로 따라오는 성취감과 만족감을 독자분들도 꼭 느껴보셨으면 좋겠어요. 나의 삶을 더 풍족하게 만들어줄 홈카페와 홈베이킹,  같이 한번 차근차근 둘러볼까요?

Contents

★ 뚤기의 인기 유튜브 영상을 레시피로 만들었어요!

★ 모든 레시피는 계량스푼, 계량컵, 전자저울을 구비해두면 편리해요.

방구석 홈베이킹

푸딩, 판나코타

스콘

팬케이크

케이크

쿠키

★ 150

프레첼 머랭쿠키

⏰ 1시간 35분

스위스 머랭을 이용한 단짠단짠의 정석!

153

아몬드 비스코티

⏰ 1시간 10분

단단한 식감의 쿠키예요. 티 타임에 함께 즐겨봐요.

156

바치디다마 쿠키

⏰ 1시간 45분

고소하고 달콤해 커피와 어울리는 디저트입니다.

159

브라우니 쿠키

⏰ 35분

온 집 안에 진하고 달콤한 초콜릿 향이 가득!

162

스모어 쿠키

⏰ 1시간 35분

마시멜로가 들어가 부드럽고 촉촉한 식감!

165

피넛버터 쿠키

⏰ 1시간 32분

땅콩버터가 들어가 고소하면서도 부드러워요.

마들렌

170

치즈 마들렌

⏰ 1시간 40분

체다치즈 가루와 소금을 넣어 단짠단짠해요.

173

오렌지 마들렌

⏰ 1시간 40분

직접 착즙한 오렌지즙과 제스트가 풍미를 채워줘요.

176

흑임자 마들렌

⏰ 1시간 35분

콩가루를 배가해 고소한 마들렌이에요.

179

쑥 마들렌

⏰ 1시간 40분

단맛을 잡아 가볍게 즐길 수 있어요.

저탄수 베이킹

184

저탄수 에그타르트

⏰ 35분

굉장히 쉽고 다이어트에 좋은 타르트예요.

187

저탄수 브라우니

⏰ 30분

탄수량을 쏙 뺀 카카오 맛 가득 쿠키!

190

저탄수 치즈케이크

⏰ 4시간 30분

기존 레어 치즈케이크보다 더 가벼운 맛이에요.

방구석 홈카페

커피

에이드

차(녹차, 홍차)

과일

우유

뚤기's 픽

똘기 님! 궁금해요!

1. 간략한 본인 소개 부탁드릴게요

안녕하세요. 요리 유튜브 채널을 운영하고 있는 유튜버 똘기입니다.

2. 유튜브 방송은 어떻게 시작하게 되셨어요?

대학생 때 몇 개 영상을 촬영해서 올리고 오랫동안 방치했는데, 결혼하면서 다른 지방으로 내려가 살게 되었어요. 그때는 직장도 없고 모르는 곳에 가족도 친구도 없어서 집에 혼자 있는 시간이 많았어요. 그래서 심심한데 뭐라도 해야겠다는 생각으로 유튜브를 시작했어요.

3. 요리 개발을 어떻게 하시는지 궁금해요!

세상엔 정말 많고 다양한 디저트들이 있어요. 요리 유튜버로서, 디저트를 사랑하는 여자로서 아주 관심이 많은 분야죠. 그래서 여유시간에 인스타그램이나 유튜브 같은 매체를 통해서 다른 나라들의 디저트들을 찾아봅니다. 그 나라 언어를 번역해서 찾아보기도 하고, 링크를 타고 정처 없이 떠돌아다니기도 해요. 이리저리 다니다 보면, 저도 처음 보는 신기한 디저트들을 만나 볼 수 있어요. 그러다 보면 소개해드리고 싶은 내용이 떠오르고, 이어서 관련 정보를 모으기 시작합니다.

해당 내용이 우리나라에도 소개되어 있으면 참 편한데 그렇지 않은 경우가 많아요. 이럴 땐 번역기의 도움을 받아 한땀 한땀 레시피를 작성해봅니다. 그 뒤에 마음에 들 때까지 많은 시행착오를 거치면서 레시피를 다듬고, 마음에 든다 싶으면 영상을 제작하여 소개해드린답니다. 카루메야키, 삼불점 같은 경우가 대표적인 경우예요.

4. 똘기 님이 생각하는 홈베이킹, 홈카페의 매력은 무엇인가요?

나만의 공간에서 편안하게 취향에 맞는 음료와 디저트를 만들고 즐길 수 있는 점이 가장 큰 매력이라고 생각해요. 예쁘고 맛난 디저트를 직접 만들었을 때 성취감이나, 이걸 지인들과 함께 즐길 때의 행복감도 홈베이킹과 홈카페의 매력을 얘기할 때 빼놓을 수 없죠.

5. 베이킹의 계량, 시간에 따라 빵의 질감이 달라지는 게 어려운 거 같아요.

베이킹소다나 베이킹파우더 등 들어가는 양이 소량만 변해도 확 바뀌어버리는 재료들은 계량에 신경을 써야 하죠. 하지만 다른 재료들 같은 경우에는 정해진 레시피에서 크게 벗어나지 않는 범위 내에서 입맛에 맞게 조금씩 더하거나 빼기도 한답니다. 판나코타 같은 굽지 않는 레시피의 경우에는 자유도가 높은 편이고, 오븐에 굽는 레시피는 설탕량이나 버터량에 따라서 식감이나 맛, 구움 색 등이 많이 바뀌는 편이라 되도록 레시피대로 정확하게 계량하는 게 좋아요.

6. 베이킹을 시작하려다가도 필요한 도구가 너무 많은 거 같아요. 도구별 활용은 필수적인 사항인가요?

기본 소도구 같은 경우에는 꼭 필요해요. 하지만 베이킹 틀은 초보시라면 기본으로 원형 틀 1호, 사각틀 2호, 파운드 틀, 쿠키 팬 정도만 있어도 대부분의 베이킹은 가능해요. 물론 욕심 때문에 점점 모양 팬이 늘어나지만요.

7. 요리 도구는 어떻게 구매하세요? 따로 전문 매장이 있을까요?

베이킹스쿨, 베이킹몬, 베이킹팜 사이트를 이용해요. 베이킹 재료들은 꼭 온라인으로 사요. 버터 같은 경우에도 마트에 가면 만 원이 넘는데 온라인으로는 6천 원 정도면 구입이 가능하거든요.

8. 요리를 하는 도중 기다려야 하는 시간이 많은 거 같아요. 시간을 활용하는 방법이 있을까요?

저는 반죽 휴지같이 1시간 정도의 짧은 시간이라면 설거지랑 주방정리를 하고 시간이 남으면 고양이랑 놀거나 핸드폰을 하면서 시간을 보내요.

9. 베이킹을 하고 남는 재료는 어떻게 보관하세요?

치즈는 소분한 뒤 랩으로 감싸 밀폐 용기에 넣어 보관하고, 버터의 경우에는 개봉하면 랩으로 감싼 뒤 지퍼백에 넣어 냉장보관해요. 저 같은 경우는 베이킹을 자주 해서 금방 소진하는 편이지만 그렇지 않은 분들은 한 번 사용한 만큼 잘라 종이 호일로 감싼 뒤 밀폐 용기에 넣어 냉동보관하시면 더 길게 보관이 가능해요.

10. 음식별 보관법이 따로 있나요?

가루 재료는 개봉하면 꼭 밀폐 용기에 넣어 보관해요. 대용량 재료의 경우에는 윗뚜껑이 열리는 형태의 스퀘어 캐니스터를 사용하고 나머지 코코아 파우더나 녹차 가루 같은 소량 보관하는 재료는 실리쿡 원형 정리 용기를 사용해요. 불투명 테이프를 붙이고 그 위에 재료의 이름과 유통기한을 적어두면 좋아요.

11. 마지막으로 뚤기 님의 소감을 여쭙고 싶어요.

홈카페, 홈베이킹이라는 게 정말 매력적인 취미 생활이거든요. 나만의 카페에서, 나를 위한 한 잔의 커피를 내리고, 좋아하는 디저트를 만들어 나만의 시간을 갖는 건 팍팍한 사회생활을 촉촉하게 해주는 단비 같은 거라고 생각해요. 많은 분이 접하고 초보자 분들도 시작해보는 계기가 되었으면 좋겠습니다.

이렇게 활용해주세요

첫 번째

목차 페이지에서 마음에 드는 디저트를 정하고 요리 시간을 확인해요.

두 번째

해당하는 디저트의 코스별 제목 페이지에서 활용 용어를 확인해요.
모르는 용어는 안내된 페이지를 통해 익히도록 해요.

활용 용어, 알고 가기로 해요!

계량스푼 계량법 30p
전자저울 사용법 30p
머랭을 올려주세요 33p
생크림을 올려주세요 32p
실온에 두기 34p
체에 내려주세요 36p
오븐을 예열해주세요 30p
휴지시켜주세요 36p

세상 진지한 초보 용어집

홈베이킹 기본 용어

1. 계량스푼 계량법
가루류는 덩어리 없는 가루를 누르지 않고 듬뿍 푼 뒤 평평한 도구로 윗면을 깎아서 사용하고, 액체류는 넘치지 않을 정도까지 담아 사용해요.

2. 전자저울 사용법
전자저울은 평평한 곳에 올려두고 전원을 켭니다. 그릇을 올리고 버튼을 눌러 0g으로 맞춘 뒤, 그릇에 재료를 넣고 무게를 측정합니다.

세 번째
즐거운 요리 시간!

요리의 난이도와
분량, 상세한 요리 시간을
알 수 있어요.

요리에 필요한 재료와 도구를 확인해요. 궁금한 설명은
'세상 소중한 재료 & 도구 이야기'에서 확인하기로 해요.

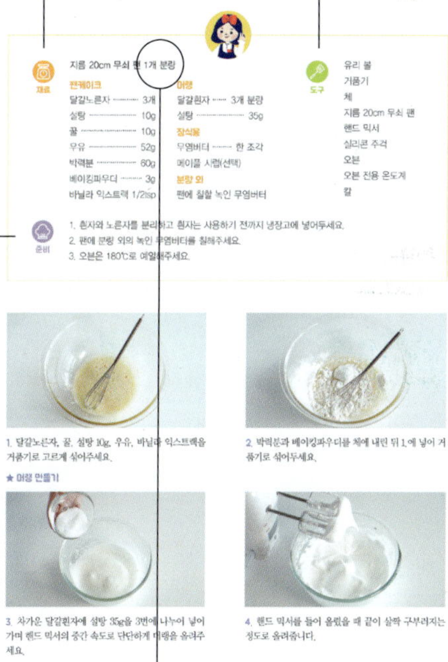

재료

지름 20cm 무쇠 팬 1개 분량

팬케이크
- 달걀노른자 ········ 3개
- 설탕 ········ 10g
- 꿀 ········ 10g
- 우유 ········ 52g
- 박력분 ········ 60g
- 베이킹파우더 ········ 3g
- 바닐라 익스트랙 1/2tsp

머랭
- 달걀흰자 ········ 3개 분량
- 설탕 ········ 35g

장식용
- 무염버터 ········ 한 조각
- 메이플 시럽(선택)

분량 외
- 팬에 칠할 녹인 무염버터

도구

- 유리 볼
- 거품기
- 체
- 지름 20cm 무쇠 팬
- 핸드 믹서
- 실리콘 주걱
- 오븐
- 오븐 전용 온도계
- 칼

준비

1. 흰자와 노른자를 분리하고 흰자는 사용하기 전까지 냉장고에 넣어두세요.
2. 팬에 분량 외의 녹인 무염버터를 칠해주세요.
3. 오븐은 180℃로 예열해주세요.

1. 달걀노른자, 꿀, 설탕 10g, 우유, 바닐라 익스트랙을 거품기로 고르게 섞어주세요.

2. 박력분과 베이킹파우더를 체에 내린 뒤 1.에 넣어 거품기로 섞어두세요.

★ 머랭 만들기

3. 차가운 달걀흰자에 설탕 35g을 3번에 나누어 넣어가며 핸드 믹서의 중간 속도로 단단하게 머랭을 올려주세요.

4. 핸드 믹서를 들어 올렸을 때 끝이 살짝 구부러지는 정도로 올려줍니다.

103

완성된 디저트 개수를
알 수 있어요.

요리에 들어가기 전
필요한 준비 작업이에요.
요리가 훨씬 쉬워져요.

Tip

완성된 팬케이크 무염버터를 꼭 올려드세요~! 그냥 먹는 것과 무염버터를 함께 곁들여 먹는 건 맛의 차이가 엄청 크답니다. 메이플시럽을 뿌려 드시면 더욱 맛있어요.

요리와 레시피를 잘 활용할 수 있는 보충
설명이에요. 레시피의 이해를 돕는답니다.

1
2
3
4
KANU
NESCAFÉ
CREMA
G7
5
TWININGS
Earl Grey
6
7
8
9
TATUA
DAIRY WHIP
WHIPPED CREAM
10
mine mine
500 mL(0 kcal)
SPARKLING WATER
11
METIER
VANILLA FLAVOURED SYRUP
리치 바닐라향시럽

세상 소중한 재료 이야기

1. 허브 로즈마리, 애플민트, 커먼타임. 이 3가지 허브는 음료를 장식하거나 맛을 낼 때 사용해요. 저는 허브를 직접 키워서 필요할 때마다 조금씩 잘라서 사용해요. 때에 맞춰 분갈이하고 물만 적절하게 주면 알아서 잘 자라기 때문에 쉽게 키울 수 있답니다. 직접 키우기 어렵다면 인터넷에 생 잎을 판매하는 걸 구입해서 사용해도 좋아요.

2. 히비스커스 시럽 히비스커스 꽃으로 만든 새콤달달한 맛이 나는 붉은색 시럽이에요. 탄산수에 넣어 히비스커스 에이드로 먹어도 좋고 크림소다나 레몬에이드에 넣어 먹어도 상큼하니 아주 맛있어요.

3. 블루큐라소 시럽 오렌지 향과 푸른 바다처럼 청량한 색이 매력적인 시럽이에요. 바다라떼나 블루크림소다 외에도 그린 위도우나 블루 레몬에이드 등 다양한 음료를 만들 수 있답니다.

4. 인스턴트커피 달고나 커피를 만들 때 사용해요. 아직 에스프레소 머신이 없지만 집에서 홈카페를 즐기고 싶다 하시는 분들은 스틱 2개에 뜨거운 물 40ml를 넣고 에스프레소 대신 사용해보세요. 맛은 에스프레소보다 떨어지겠지만 충분히 홈카페가 가능하답니다.

5. 홍차 티백 잎 차보다 찻잎의 크기가 작아 금방 우러나고 찻잎을 거를 필요가 없어 사용이 편리해요. 밀크티를 만들 때는 맛이 강한 아쌈이나 블랙퍼스트, 얼그레이를 사용하는 게 좋아요.

6. 아이스크림 유지방 함유율이 높은 아이스크림을 사용해야 느끼한 맛 없이 진하고 맛있어요. 기본 바닐라 아이스크림에 녹차나 쑥 코코아 파우더 등을 넣고 섞으면 다양한 맛으로 변화를 줄 수 있어요.

7. 레드커런트 얼음에 넣고 얼려 색을 내거나 에이드를 만들 때 시럽과 함께 넣어 장식용으로 사용해요. 인터넷에서 줄기 없는 냉동 커런트를 구입할 수 있어요.

8. 원두 로스팅된 원두를 먹을 만큼만 구입해 빨리 먹는 게 가장 좋아요. 개봉 후에는 밀폐 용기에 담아 건조하고 어두운 곳에 보관해야 해요.

9. 스프레이 휘핑크림 간편하게 짜서 사용이 가능한 스프레이 타입의 휘핑크림이에요. 사용하기 전에 5~6번 위아래로 흔들고 노즐 부분을 아래로 숙여서 버튼을 누르면 휘핑크림이 나와요. 개봉 후에는 꼭 냉장보관을 하고 가급적 빨리 먹어야 해요.

10. 탄산수(스파클링 워터) 이산화탄소가 용해되어 이온화된 물이에요. 설탕이 들어가지 않아 단맛 없이 톡 쏘는 시원한 맛이 나며 과일청이나 시럽을 넣어 먹으면 정말 맛있어요. 개봉하고 나면 탄산가스가 빠지기 때문에 뚜껑을 꼭 닫아서 보관해야 해요.

11. 바닐라 시럽 은은하고 부드러운 바닐라 향이 나는 시럽이에요. 커피에 넣어 먹어도 좋고 우유나 셰이크 음료에 넣어 먹어도 정말 잘 어울려요.

세상 소중한 재료 이야기

1. 밀가루 글루텐 함량에 따라 박력분 < 중력분 < 강력분으로 구분돼요. 케이크나 바삭한 식감의 쿠키를 만들 때는 글루텐 함량이 가장 적은 박력분을, 부드러운 식감의 스콘이나 아메리칸 쿠키를 만들 때는 중력분을, 빵을 만들 때는 강력분을 사용해요. 밀가루는 습기와 냄새를 잘 흡수하기 때문에 꼭 밀폐 용기에 담아 보관해주세요.

2. 생크림 생크림은 우유를 원심분리시켜 만든 것으로 유크림 외에 다른 첨가물이 들어가지 않아 맛이 부드럽고 고소해요. 하지만 조형성이 아쉽고 유통기한이 일주일 이내로 짧다는 단점을 가지고 있어요.

3. 동물성 휘핑크림 보관 기간이 길고 250ml 단위의 적은 용량도 판매해서 주로 조금씩 사용하는 홈카페에 쓰여요. 생크림의 단점을 보완하기 위해 유크림에 안정제와 유화제를 첨가해 조형성을 좋게 하고 유통기한을 늘린 제품이에요.

4. 우유 베이킹에서 기본으로 사용하는 재료예요. 무지방이나 저지방 우유가 아닌 일반 우유를 사용해주세요.

5. 베이킹파우더 산성분과 함께 사용해야 하는 베이킹소다의 단점을 보완하기 위해 만들어 졌어요. SIB 베이킹파우더 EP 제품은 쓴맛이 없고 전체적으로 균일하게 팽창이 일어나기 때문에 항상 이 제품만 사용해요.

6. 베이킹소다 베이킹소다는 빵이나 쿠키 달고나에 넣어 반죽을 부풀게 하기 위해 사용해요. 반죽의 색을 짙게 하는 특징이 있어 코코아 파우더나 초콜릿이 포함된 반죽에 주로 사용되며 중화반응을 일으키기 위해 산성분과 함께 사용해야 한다는 단점이 있어요.

7. 식물성 오일 향이 강한 올리브유나 코코넛오일보다는 향이 없는 카놀라유를 사용해주세요.

8. 크림치즈 치즈케이크나 치즈크림을 만들 때 사용해요. 크림치즈는 수분이나 공기에 접촉하면 곰팡이가 생기기 쉬워요. 200g씩 잘라 랩으로 감싼 뒤 밀폐 용기나 지퍼백에 담아 냉장 보관해주세요.

9. 무염버터 베이킹을 할 때는 소금이 들어가지 않은 무염버터를 사용해요. 버터는 냄새를 잘 흡착하기 때문에 랩으로 잘 감싸 밀폐 용기에 넣어 냉장보관 해주세요.

10. 마스카포네 치즈 티라미수를 만들 때 사용하는 치즈로 지방함량이 다른 치즈보다 높다는 특징을 가지고 있어요. 신맛이 없고 고소하며 부드러운 맛이 나요. 개봉 후에는 보관 기간이 짧기 때문에 최대한 빨리 먹어야 해요.

11. 달걀 껍질:노른자:흰자가 10:30:60으로 구성되어 있으며 베이킹에 기본으로 들어가는 재료예요. 껍질 표면이 거칠고 흠집이나 균열이 없는 걸 고르는 게 좋고 보관은 꼭 냉장보관 해주세요.

12. 호두 분태 호두를 잘게 부숴놓은 제품으로 사용하기 전에 전처리해야 잡내나 떫은맛 없이 고소한 호두를 먹을 수 있어요.

13. 판 젤라틴 동물성 단백질인 콜라겐을 정제한 것으로 치즈케이크, 젤리, 무스케이크 등을 굳힐 때 사용해요. 차가운 물에 담가 5분 정도 불린 뒤 물을 꾹 짜내고 중탕으로 녹여 사용해요.

14. 옥수수 전분(콘스타치) 베이킹에 가장 적합한 전분이에요. 치즈케이크나 커스터드 크림을 만들 때 사용해요.

15. 아몬드 가루 아몬드를 곱게 분쇄한 것으로 쿠키나 케이크에 넣어 고소한 맛을 내요. 공기가 통하지 않도록 확실히 밀봉한 뒤 냉장실이나 냉동실에 보관해주세요.

16. 코코넛 파우더 건조 코코넛 과육을 갈아서 만든 제품이에요. 케이크나 빵 등에 넣어 사용하면 코코넛 특유의 맛을 느낄 수 있어요.

13
11
EMBORG
Mascarpone
10
12
4
9
2
Maeil
매일
생크림
38%
유지방
3
Maeil
매일
휘핑크림
100% 국내산 유크림의
진한 유풍미
5
SIB
Quality Guaranteed
BAKING POWDER
내용량 : 150 g
7
8
6
14
1
백설
BEKSUL
17년 연속 대한민국 1등 기업
중력밀가루
PLAIN FLOUR
1 kg(3600 kcal)
박력 밀가루
과자, 케이크용 밀가루
SOFT FLOUR
1 kg(3550 kcal)
15
16

9
3
1
2
10
7
백설
正味 1kg
精 糖
REFINED SUGAR
A
제 일 제 당
CS
第一製糖工業株式會社
백설 하얀설탕
white sugar 1 kg (4,000 kcal)
5
Pure
VANILLA
6
8
4
12
11
13

세상 소중한 재료 이야기

1. 말차 가루 차광 재배한 찻잎을 곱게 갈아 만들어 초록색 색상이 선명하고 떫은맛이 적어요. 녹차 가루로 대체는 가능하지만 완성 시 색이 예쁘지 않아요.

2. 쑥 가루 쑥은 무기질과 비타민이 풍부하고 몸을 따뜻하게 하는 효과가 뛰어나며 간을 해독해 부종을 없애주는 등 다양한 효능이 있어요. 향이 강한 쑥 가루는 우유나 제과 반죽에 넣으면 부드럽게 즐길 수 있답니다. 개봉 후 밀폐 용기에 넣고 통풍이 잘되는 서늘한 곳에 보관해주세요.

3. 레몬즙(레몬 엑기스) 큰 마트나 베이킹 쇼핑몰에서 판매하며 가격도 저렴해요. 레몬을 짜서 사용해도 좋지만 소량을 사용할 땐 시판용 레몬즙을 사용하면 편리해요. 개봉한 후에는 냉장보관하고 가급적 빨리 먹어야 해요.

4. 코코아 파우더 카카오 페이스트를 압착해 코코아 버터를 제거하고 다시 분말로 만든 재료예요. 초콜릿 맛을 낼 때 사용하며 습기에 약하기 때문에 꼭 밀폐해서 보관해야 해요.

5. 바닐라 익스트랙 바닐라 빈을 35℃ 이상의 술에 담가 바닐라의 맛과 향을 추출한 액체로 베이킹에서 많이 사용돼요. 뚜껑이 스포이드 형태로 되어있어 원하는 양을 쉽게 조절해 사용할 수 있어요.

6. 셰프 마스터 색소 케이크나 크림 등에 넣어 색을 내기 위해 사용해요. 액상과 페이스트의 중간 점도를 가지고 있는 리퀴드 젤 타입으로 용기를 누르면 색소가 나오기 때문에 사용이 편리해요. 직사광선을 피하고 실온보관해요.

7. 백설탕 설탕은 단맛을 내는 기능뿐만 아니라 노화를 지연시켜 신선도를 높여주고 갈변 반응을 일으켜 쿠키나 케이크의 색을 진하게 하는 기능을 해요.

8. 황설탕 백설탕에 열을 가해 황갈색이 띄게 된 설탕으로 쿠키를 만들 때 많이 사용해요.

9. 슈가 파우더 설탕에 3%의 전분을 넣고 곱게 갈아 만든 슈가 파우더는 분당체에 내려 데코레이션하거나 다쿠아즈나 설탕 글레이즈를 만들 때 사용해요.

10. 에리스리톨 위드 스테비아 에리스리톨 90% 스테비오사이드 10%로 구성된 감미료예요. 스테비오사이드는 중남미 지방에서 자라는 허브과 식물인 스테비아에서 추출한 천연 감미료로 칼로리가 없고 설탕의 200배 단맛을 내지만 특유의 쓴맛과 청량한 맛이 있기 때문에 에리스리톨을 넣어 맛을 보완한 제품이에요. 과민성 대장 증후군이 있는 분들은 섭취하면 안 되며 백설탕, 갈색 설탕, 포도당, 물엿, 벌꿀과 함께 사용하면 안 돼요. 에리스리톨 입자가 굵으니 믹서기에 곱게 갈아서 사용해주세요.

11. 흑당 사탕수수즙을 검은색이 될 때까지 끓이고 식혀서 만든 비정제당이에요. 각종 미네랄, 비타민, 식이섬유 등이 포함되어있으며 흑당 특유의 향과 맛이 뛰어나요.

12. 시나몬 파우더 녹나무과의 육계나무의 속껍질을 벗겨 가루 형태로 만든 거예요. 시나몬 특유의 달달한 향이 매력적이에요.

13. 커버춰 초콜릿, 카카오매스 카카오 버터 함량이 31% 이상 들어간 초콜릿을 커버춰라고 해요. 종류에는 다크, 밀크, 화이트 초콜릿이 있으며 책에서는 다크초콜릿과 화이트초콜릿만 사용해요. 카카오 매스는 카카오 빈을 발효 건조시켜 껍질을 제거한 뒤 로스팅해서 분쇄한 제품이에요. 단맛이 없고 씁쓸한 맛이 난답니다. 초콜릿은 직사광선을 피하고 15~18℃ 사이의 건조하고 선선한 곳에 보관해주세요.

세상 소중한 도구 이야기

1. 전기오븐 내부 용량이 적은 오븐은 열 조절도 어렵고 윗면이 타기 쉽기 때문에 용량이 큰 오븐을 사용하시는 게 좋아요. 제가 사용하는 오븐은 내부용량이 42L랍니다. 또 열선이 위에만 있는 오븐은 아랫면이 잘 익지 않기 때문에 열선이 상하 모두 있는 걸 사용해주세요.

2. 블렌더 채소나 견과류를 작게 갈거나, 버터를 작게 쪼개는 작업이 가능해서 아주 편리해요. 보통 블렌더는 칼날이 아래쪽에만 있는데 제가 사용하는 '닌자 블렌더'는 피쳐 용기의 크기가 크고 칼날이 상중하 6중날로 되어 있어 푸드 프로세서 대용으로도 사용할 수 있어요.

3. 전자저울 전자저울은 1g 단위로 계량할 수 있는 것을 주로 사용합니다. 시나몬 파우더나 베이킹파우더처럼 소량만 들어가는 재료를 계량하기 위해 0.1g 단위로 계량이 가능한 미니 저울도 함께 사용해요.

4. 거품기 적은 양의 머랭을 만들거나 생크림을 올릴 때, 반죽을 섞을 때 사용해요.

5. 짤주머니 주로 깍지를 끼우고 크림을 넣어 데코레이션을 하거나 모양 팬에 반죽을 팬닝할 때 사용해요.

6. 깍지 짤주머니에 넣어 크림의 모양을 낼 때 사용해요. 다양한 모양의 깍지가 있지만 지름 1cm 원형 깍지, 별 깍지를 자주 사용해요.

7. 실리콘 주걱 주로 반죽을 섞을 때 사용해요. 자주 쓰이기 때문에 2개 정도 가지고 있는 게 좋아요. 캐러멜과 같은 높은 온도의 요리를 할 때는 내열 온도가 200℃가 넘는 실리콘 주걱을 사용해요. 같은 실리콘 주걱이어도 제품에 따라 견딜 수 있는 온도가 다르기 때문에 꼭 사용 가능한 온도를 확인해야 해요.

8. 체 베이킹에서 사용하는 가루 재료를 내릴 때 사용하거나 완성된 크림의 덩어리를 걸러내기 위해 사용해요. 체는 볼에 올려 둘 수 있게 고리가 있는 제품으로 구입하는 게 작업이 편하고 좋아요.

9. 분당체 완성된 케이크 위에 슈가 파우더를 뿌려서 데코레이션하는 도구에요. 체의 구멍이 조밀하기 때문에 곱게 내릴 수 있답니다.

5
6
17
9
15
11
8
16
10
18
3
7
13
12
4
14
PCS
TARE
ON/OFF
UNITS
LIGHT

10. 오븐 온도계 오븐 안에 넣어 내부의 정확한 온도를 측정하기 위해 사용해요. 특히 아날로그식 오븐은 오븐 설정 온도와 오븐 내부 온도가 일치하지 않는 경우가 많기 때문에 오븐 전용 온도계를 사용해 내부 온도를 맞춰서 사용해야 해요.

11. 온도계 반죽의 온도를 측정하는 용도로 사용해요. 직접 반죽에 꽂아서 온도를 재는 제품과 물체에 닿지 않고 온도를 잴 수 있는 적외선 온도계가 있어요. 적외선 온도계가 사용은 훨씬 편하지만 정확도가 다소 떨어지고 가격이 비싸다는 단점이 있답니다.

12. 아이스크림 스쿱 반죽을 팬닝하거나 아이스크림이나 크림의 모양을 내기 위해 사용해요. 저는 지름 4cm, 5.3cm, 7.2cm를 소장하고 있어요.

13. 실리콘 붓 스콘 위에 달걀물을 바르거나 팬에 버터를 바를 때 사용해요. 뜨거운 물에 삶아 소독할 수 있어서 위생적이에요.

14. 밀대 반죽을 일정한 두께로 넓게 펼 때 사용해요.

15. 스크래퍼 스콘을 만들 때 많이 사용해요. 버터를 작게 자르거나 섞을 때 혹은 반죽을 긁어낼 때 사용해요.

16. 계량스푼 1Tbsp=테이블스푼=큰술=15ml, 1tsp=티스푼=작은술=5ml입니다. 계량스푼에 용량과 표기법이 적혀 있기 때문에 보고 사용하셔야 해요. 가루 재료를 계량할 땐 누르지 않고 듬뿍 푼 뒤 윗부분을 평평하게 깎아서 사용하고 액체류를 계량할 땐 넘치기 전의 찰랑거리는 정도까지 담아서 사용해요.

17. 계량컵 ml 단위의 액체류를 계량할 때 사용해요.

18. 스패튤러 케이크에 잼이나 크림을 바르거나 반죽의 윗면을 다듬을 때 주로 사용해요. 이 책에서는 아이싱을 하지 않기 때문에 작은 L자형 미니 스패튤러 하나면 충분해요.

19. 핸드 믹서 생크림이나 머랭을 올릴 때, 케이크를 만들기 위한 거품을 낼 때 사용해요.

20. 테프론시트 잘 달라붙지 않아 다 구워진 빵이나 쿠키를 쉽게 떼어낼 수 있어요. 주로 사용하는 베이킹 틀의 모양에 맞게 테프론시트를 제단해두면 그때그때 유산지를 자르지 않아도 돼서 아주 편하답니다. 한 번 잘라두면 반영구적으로 사용이 가능해서 더욱 좋아요.

21. 종이 호일(유산지) 과자나 케이크가 틀에 달라붙지 않도록 사용할 틀의 모양에 맞게 잘라 사용해요. 원형 팬의 경우에는 사이즈에 맞게 재단된 유산지를 구매해서 사용하면 편해요.

22. 식힘 망 다 구워진 과자나 케이크를 식힐 때 사용해요.

23. 머핀 틀 케이크, 머핀, 미니 에그타르트 등을 구울 때 사용해요. 제가 사용한 머핀 틀은 높이 4.5cm, 윗지름 7cm 제품이랍니다.

24. 마들렌 틀 마들렌을 구울 때 사용해요. 버터와 밀가루로 코팅하거나 철판이형제를 바른 뒤 사용해야 반죽이 달라붙지 않아요.

25. 둥근 조가비 틀 둥근 조가비 모양의 팬이에요. 일반 조가비 틀보다 높이감이 있게 나온답니다. 사용한 후에는 부드러운 스펀지로 세척한 뒤 건조해서 보관해요.

26. 사각 틀 사각 모양의 케이크나 브라우니를 구울 때 사용해요.

27. 높은 원형 틀 일반 원형 팬보다 높이가 있어 두께감 있는 케이크를 만들 수 있어요. 저는 1호짜리로 분리형과 일체형 2가지를 가지고 있어요.

28. 다쿠아즈 틀 다쿠아즈의 모양을 잡기 위해 사용하는 틀이에요. 테프론시트를 깐 오븐 팬 위에 다쿠아즈 틀을 올려놓고 반죽을 채워 넣은 뒤, 윗면을 평평하게 다듬고 틀을 들어 올려서 타원 모양을 내요.

1
2
7
3
5
4
6
8
9
10
13
14
11
12

세상 소중한 도구 이야기

1. 얼음 틀 저는 기본 사각 얼음 틀, 미니 사각 얼음 틀, 원형 얼음 틀, 미니 원형 얼음 틀 4가지를 사용해요. 미니얼음은 마블링이 예쁘게 나오고 원형 얼음은 녹는 시간이 느려 오랫동안 차갑게 음료를 즐길 수 있어요.

2. 미니거품기 소량의 재료를 덩어리 없이 풀거나 섞을 때 주로 사용해요.

3. 핀셋 허브를 컵 안에 넣거나 손으로 작업하기 힘든 장식을 할 때 사용해요.

4. 우유 거품기 풍성한 우유 거품을 올리거나 적은 양의 생크림을 올릴 때 사용해요.

5. 얼음 스쿱 얼음을 컵에 담을 때 사용하는 도구예요.

6. 빨대 스텐 빨대, 유리 빨대는 사용한 뒤 깨끗하게 세척해서 재사용이 가능하기 때문에 친환경적이에요. 버블티를 마실 때는 두께가 넓은 버블티 전용 유리 빨대를 사용하면 좋아요.

7. 긴 티스푼 긴 컵에 담긴 음료를 섞을 때 사용해요.

8. 샷 잔 에스프레소 샷을 추출할 때 사용해요. 오리스타 샷 잔의 경우에는 온스와 밀리미터 두 가지 용량이 양면에 표시되어 있어 편리해요.

9. 계량컵 ml 표기가 되어 있어 액체류를 계량할 때 주로 사용해요. 내열컵이라 우유를 담아 전자레인지에 데울 수 있어 우유 거품을 낼 때도 많이 사용해요.

10. 시럽 잔 적은 양의 시럽이나 소스를 담을 때 사용해요.

11. 분당체 파우더를 눈처럼 곱고 일정하게 뿌릴 수 있는 도구예요. 음료 위에 시나몬이나 코코아 파우더 등을 뿌릴 때 사용해요.

12. 티코스터 컵 밑에 받혀 미끄럼방지나 물기를 흡수하는 역할을 해요. 재질이나 모양의 종류에 따라 나만의 홈카페 분위기 연출이 가능해요. 디자인이 너무나도 다양하기 때문에 기분에 따라 골라 사용하는 재미가 있답니다.

13. 허니디퍼 꿀을 풀 때 사용해요. 파인 홈으로 꿀이 모여서 부드럽게 떨어지기 때문에 사용이 편하답니다. 필수 도구는 아니지만 있으면 편리해요.

14. 우드 스쿱 시리얼이나 견과류 같은 마른 재료를 음료 위에 올릴 때 사용해요. 필수 도구는 아니지만 촬영할 때 사용하면 영상이 예쁘게 나와서 자주 사용해요.

세상 소중한 도구 이야기

저는 그림이나 장식이 없는 무지컵을 선호하는데요. 이미 음료 자체가 너무 예쁘고 화려한데 장식이 너무 많이 들어가면 예쁘게 만든 음료에 집중할 수 없다고 느끼기 때문이에요.

컵의 형태에 따라 음료의 느낌이 많이 다르기 때문에 내 취향에 맞게 한 개씩 모으는 재미가 있답니다. 처음 홈카페를 오픈하신다면 기본 긴 일자 컵, 모양이 아래쪽은 넓고 위쪽은 좁아 크림류를 올릴 때 층이 너무 예쁜 아인슈페너 컵, 쥬스나 와인잔으로 사용이 가능한 고블렛 컵, 따뜻한 커피를 즐길 수 있는 커피잔 세트나 손잡이가 달린 내열유리컵, 플렛화이트나 판나코타를 즐길 때 필요한 용량이 적은 기본 원형 컵, 이렇게 5가지만 있어도 홈카페를 충분히 즐길 수 있답니다. 물론 홈카페를 할수록 컵이 계속 늘어나게 되지만요.

제가 컵을 구입할 때 이용하는 사이트는 '선데이로스트'예요. 컵의 종류도 많고 가격도 적당한 거 같아서 가장 많이 사용한답니다.

1. 유리볼 계량용 그릇이나 소스 그릇으로 사용해요.

2. 사각 그릇 이케아에서 저렴하게 구입했어요. 티라미수 같은 수저로 퍼먹는 무스류 케이크를 만들 때 사용해요.

3. 직사각 플레이트 파운드 틀을 이용해 만든 케이크를 통째로 올릴 때 사용해요. 하나쯤은 있으면 좋답니다.

4. 빈티지 플레이트 그림이 그려져 있는 그릇이에요. 투박한 케이크를 돋보이게 하고 싶을 때 조금은 화려한 플레이트를 사용하면 고급스러워 보여요.

5. 시라쿠스 플레이트 제가 가장 애정하는 플레이트예요. 들었을 때 묵직해서 안정감이 있고 들어간 라인이 부드러워서 어떤 요리를 올려도 예쁘답니다. 사이즈별로 다 가지고 있어요.

6. 컬러 플레이트 평소와 다른 느낌을 연출하고 싶을 때 사용하는 플레이트예요. 그날 기분에 따라 컬러를 고르는 것도 즐겁답니다.

7. 우드 플레이트 관리가 귀찮지만 투박한 매력이 있어 자주 사용해요.

8. 수플레 컵 수플레나 크렘브륄레를 구울 때 필요한 컵이에요. 베이킹 쇼핑몰에서 구입이 가능한데 컵 자체가 너무 예뻐서 평소에도 소스 볼이나 반찬 그릇으로도 사용해요.

세상 진지한 초보 용어집

홈베이킹 기본 용어

1. 계량스푼 계량법

가루류는 덩어리 없는 가루를 누르지 않고 듬뿍 푼 뒤 평평한 도구로 윗면을 깎아서 사용하고, 액체류는 넘치지 않을 정도까지 담아 사용해요.

2. 전자저울 사용법

전자저울은 평평한 곳에 올려두고 전원을 켭니다. 그릇을 올리고 버튼을 눌러 0g으로 맞춘 뒤, 그릇에 재료를 넣고 무게를 측정합니다.

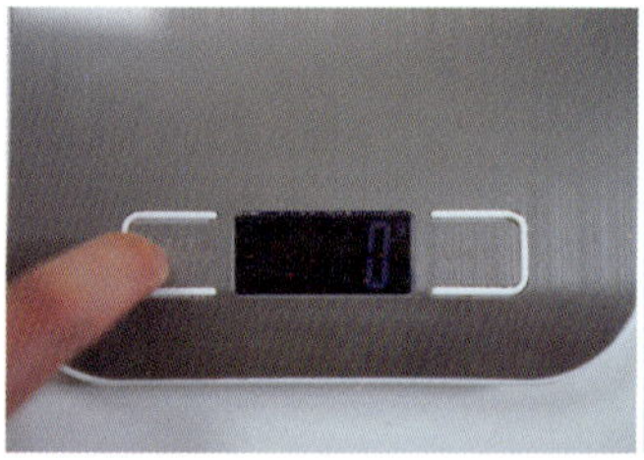

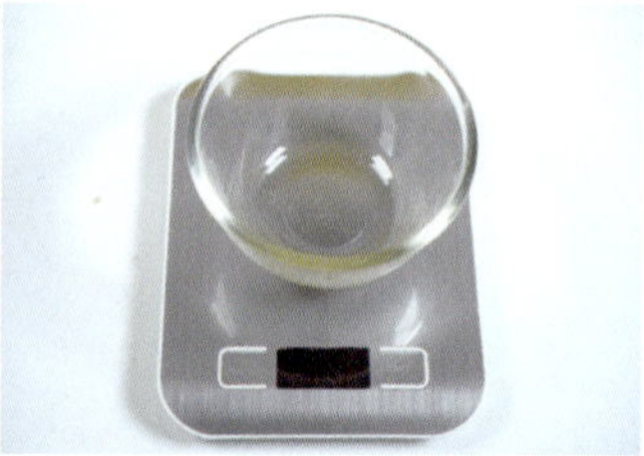

3. 오븐을 예열해주세요

반죽을 굽기 10~20분 전에 오븐의 온도를 높여놓는 것을 말해요. 반죽을 넣기 위해 오븐 문을 열 때 열 손실이 일어나기 때문에 굽는 온도보다 10℃ 정도 높은 온도에서 예열해주세요.
(굽는 온도가 180℃라면 예열온도는 190℃로 맞추고 구울 때는 180℃로 구워요.)

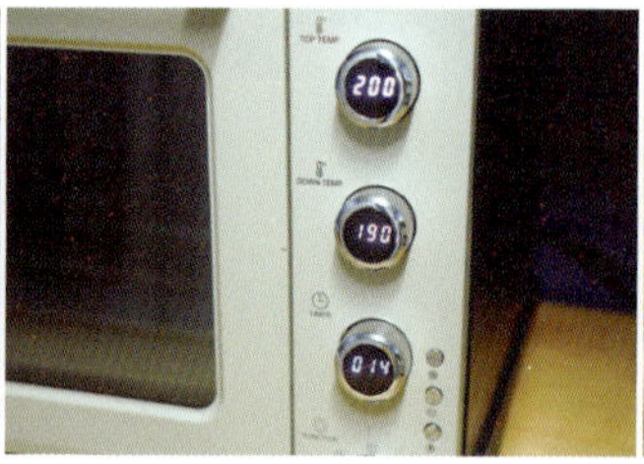

4. 틀에 유산지를 재단해주세요

1. 사용할 틀보다 여유 있는 크기의 유산지를 준비합니다.

2. 틀의 밑면에 맞춰 유산지에 자국을 내주세요.

3. 길이, 방향, 자국에 맞춰 접어주세요.

4. 접은 유산지를 틀 안에 넣어 바닥 면에 맞춰 접어주세요.

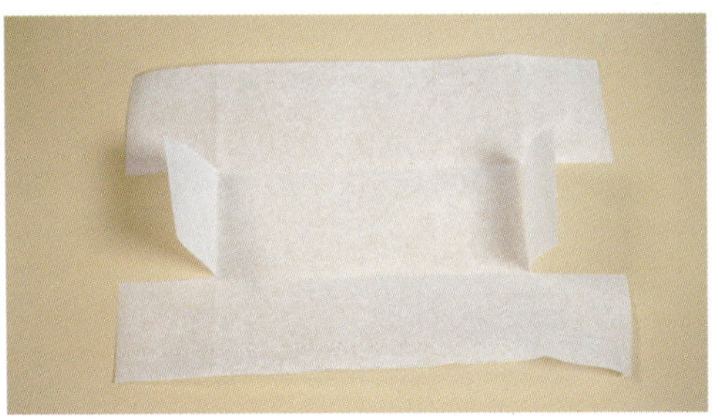

5. 접은 유산지를 펴고 그림과 같이 잘라주세요.

6. 자른 유산지를 틀에 넣어주세요.

5. 팬닝해주세요

반죽을 오븐 팬에 올려놓거나 케이크 틀에 반죽을 넣는 것을 말합니다. 팬에 반죽이 들러붙지 않도록 테프론시트나 종이 유산지를 깔아서 사용해주세요.

6. 휘핑하기

거품기나 핸드 믹서로 달걀에 공기를 넣어 부피를 크게 하거나 생크림을 올리는 작업을 말해요.

생크림 올리기, 머랭 올리기가 '휘핑하기'에 해당돼요.

6-1. 생크림을 올려주세요

생크림과 설탕을 넣은 유리 볼을 얼음물에 받쳐 핸드 믹서의 중속으로 휘핑해주세요.

- 70% : 생크림이 묽고 부드러워요. 생크림을 펐을 때 뿔이 뾰족하지 않아요. 케이크를 아이싱할 때 사용해요.
- 80% : 거품기가 지나간 자국이 보이고 크림의 끝부분의 각이 살짝 구부러져요. 짤주머니에 넣어 요리를 장식할 때 사용해요
- 90% : 거품기 자국이 선명하고 뿔이 뾰족하게 서 있는 상태예요.

6-2. 머랭을 올려주세요

머랭은 달걀흰자에 분량의 설탕을 넣고 거품기나 핸드 믹서로 공기를 넣어 풍성하게 만드는 것을 말해요.

깨끗하게 닦은 볼에 달걀흰자를 넣고 핸드 믹서 고속으로 거품을 올려주세요.

설탕을 세 번에 나누어 넣으면서 핸드 믹서가 지나간 자리가 보이고 매끄럽고 단단한 상태가 될 때까지 거품을 올려줍니다.

7. 자르듯이 섞어주세요

볼을 돌려가면서 주걱을 세로로 세워 11자로 자르듯이 섞는 방법이에요. 쿠키류의 경우 너무 눌러가면서 섞으면 글루텐이 형성돼 딱딱한 과자가 될 수 있어서 자르듯이 섞는 방법을 이용합니다.

8. 실온에 두기

냉장상태의 차가운 재료를 실온에 꺼내두어 보통의 실온으로 만드는 과정이에요. 버터의 경우 스푼으로 눌렀을 때 큰 힘 없이 푹 들어가는 정도로 말랑해지면 사용해주세요. 버터나 달걀은 차가운 상태에서 사용하면 반죽이 쉽게 분리되기 때문에 꼭 실온에 두었다가 사용해야 합니다. 여름철에는 온도가 높기 때문에 30분, 겨울철에는 1시간 이상 실온에 두었다가 사용해주세요.

9. 달걀물을 발라주세요

달걀물을 빵이나 스콘 위에 발라서 구우면 노릇한 색과 광택을 낼 수 있어요. 달걀 한 개에 물이나 우유를 1Tbsp을 넣고 잘 섞은 뒤 실리콘 붓을 이용해 스콘 표면에 발라서 사용해요.

10. 중탕해주세요

뜨거운 물이 들어 있는 냄비 위에 재료가 들어 있는 다른 볼을 올려 간접적으로 온도를 높여주는 작업입니다. 주로 초콜릿을 녹이거나 달걀의 온도를 높일 때 사용합니다. 참고로 초콜릿을 중탕할 때 물이 들어가면 초콜릿이 굳어버리니 조심해서 녹여주셔야 해요.

11. 짤주머니에 넣어주세요

- 짤주머니는 사용할 깍지의 끝부분(좁은 부분) 크기보다 살짝 크게 잘라주세요.
- 짤주머니 안에 깍지를 넣고 쭉 밀어 단단히 고정시켜주세요.
- 짤주머니를 컵에 넣고 윗부분을 벌린 뒤 공기가 들어가지 않도록 내용물을 넣어주세요.
- 크림이 밖으로 나오지 않도록 짤주머니의 윗부분을 한 바퀴 돌려서 손으로 잡아 막아주세요.

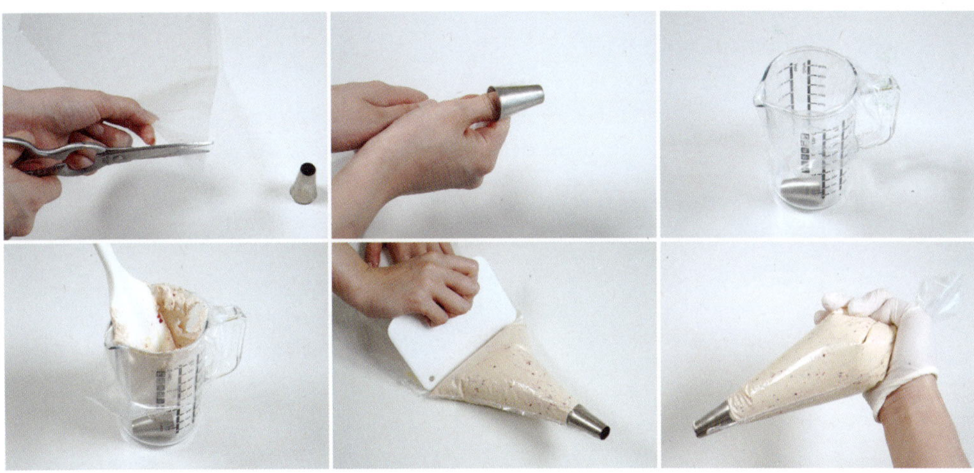

12. 체에 내려주세요

종이 유산지를 깔고 체에 가루를 넣어주세요.
체의 옆을 손으로 통통 치면서 가루를 내려주세요.
가루류를 체에 내리는 이유는 뭉친 가루 덩어리를 곱게 풀기 위해, 불순물을 걸러내기 위해, 가루 속에 공기를 포집시켜 재료들과 혼합도 잘되고 식감을 좋게 하기 위해 꼭 필요한 과정이랍니다.

13. 휴지시켜주세요

반죽에 랩이나 비닐을 씌워 실온이나 냉장고에 넣어 안정화시키는 작업이에요.

14. 덧가루를 뿌려주세요

쿠키나 스콘을 성형할 때 작업대나 밀대에 반죽이 달라붙지 않도록 뿌리는 가루를 말합니다. 덧가루는 뭉침이 없는 강력분을 사용하며 너무 과하게 뿌리지 않도록 해주세요.

세상 진지한 초보 용어집

홈카페 기본 용어

1. 얼음 얼리기

원형 얼음 틀에 얼릴 때는 틀에 물을 가득 담아주고 뚜껑을 맞춰서 천천히 눌러 밀착시켜주세요. 너무 빠르게 뚜껑을 누르면 얼음 모양이 동그랗게 나오지 않아요.

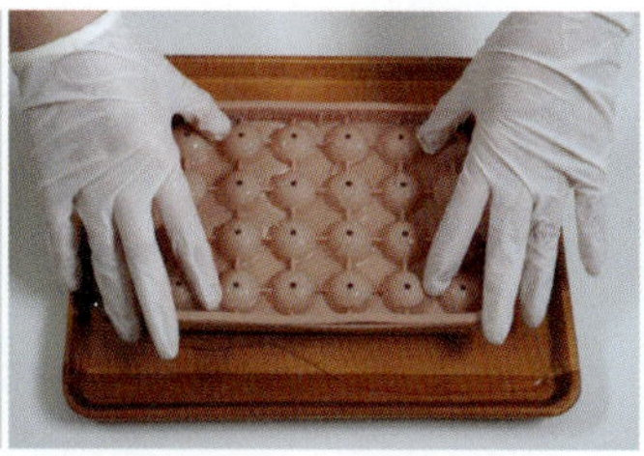

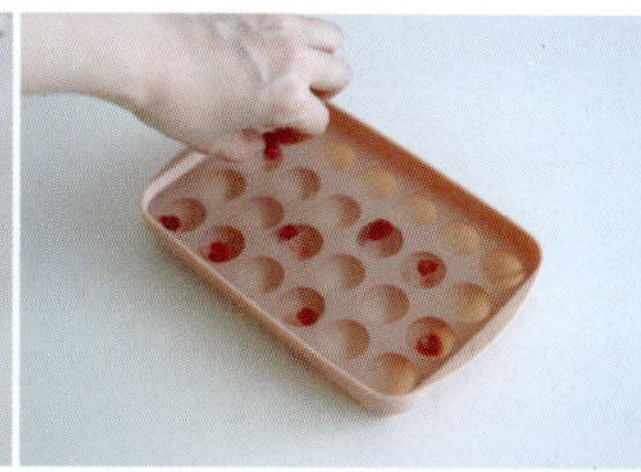

2. 생크림 or 휘핑크림 올리기

1. 컵에 분량의 휘핑크림과 설탕을 담고 우유 거품기를 넣어 50~60초 정도 작동시켜주세요.

2. 거품기를 들어 올렸을 때 휘핑크림이 딸려 올라오지만 바로 떨어지고 떨어진 자국이 남지 않고 사라지는 상태가 차가운 음료 위에 올리기 가장 좋은 정도예요.

Tip

2. 건전지의 충전량이 적을 경우 우유 거품기의 힘이 약해지기 때문에 그만큼 더 오래 작동시켜야 해요. 힘이 너무 약하다면 새 건전지로 교체한 뒤 사용해주세요.

3. 에스프레소 추출하기

1. 포터필터에 분쇄한 원두 16g을 가득 담아주세요.

2. 손으로 윗부분을 살짝 누른 뒤 템퍼를 이용해 수평이 되도록 눌러주세요.

3. 에스프레소 머신에 포터필터를 장착하고 밑에 샷잔을 놓아주세요.

4. 추출 버튼을 눌러 에스프레소를 추출해주세요.

4. 풍성한 우유 거품 만들기

우유 거품기

1. 우유 80g을 내열유리컵에 넣고 전자레인지에 40초 정도 돌려 55~60℃로 온도를 올려주세요.

2. 거품기를 우유 표면에서 작동시켜 큰 우유 거품을 풍성하게 만들어주세요.

3. 어느 정도 부피가 커지면 우유 깊숙이 거품기를 넣어 큰 기포를 작게 쪼개주세요.

4. 이렇게 부피가 커지고 부드러운 거품이 올라오면 완성이에요.

Tip

우유 거품을 일일이 올리기가 귀찮다면 우유만 넣으면 자동으로 풍성한 우유 거품을 만들어주는 기계를 사용해보세요. 차가운 우유를 넣어도 따뜻하게 데워져서 아주 편리한 장점이 있지만 가격이 조금 비싸답니다.

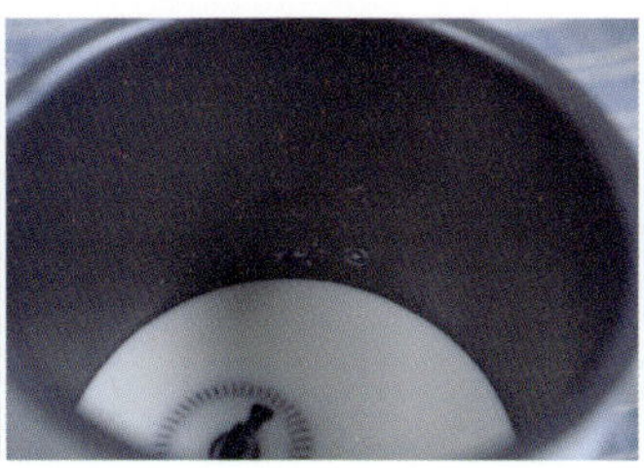

세상 달달한 시럽 & 과일청 레시피

시럽

1. 흑당 시럽

영어로 블랙슈가라고 하는 흑당은 사탕수수즙을 검은색이 될 때까지 끓이고 식혀서 만든 비정제당이랍니다. 흑설탕은 정제한 백설탕에 당밀을 섞어 만든 것으로 흑당과는 전혀 달라요. 깊은 풍미와 맛을 느끼기 위해선 꼭 흑당을 이용해 만들어주세요.

재료 흑당 300g, 물 300g

1. 냄비에 흑당과 물을 넣고 중불에 올려 끓여주세요.
2. 팔팔 끓으면 불의 세기를 중약불로 바꿔 10~12분 정도 끓여주세요.
3. 흑당 덩어리가 잘 풀리지 않았다면 주걱으로 젓지 말고 팬을 돌려가면서 섞어주세요.
4. 농도가 걸쭉해지면 실온에서 살짝 식혔다가 밀폐 용기에 넣어 보관해주세요.

Tip

1. 바글바글 끓어오르기 때문에 냄비는 큰 걸 사용해주세요.
4. 시럽이 식으면서 좀 더 걸쭉해져요. 원하는 시럽의 농도보다 살짝 묽은 정도가 될 때까지 끓여주세요.

2. 설탕 시럽

커피나 음료에 단맛을 내기 위해 주로 사용해요. 재료도 단순하고 만드는 방법도 아주 간단하답니다.

재료 설탕 150g, 물 150g

1. 설탕과 물을 냄비에 넣고 중불로 끓여주세요. 이때 절대로 젓지 말고 그대로 끓여주세요.
2. 바글바글 끓으면 약불로 줄여 3분 정도 끓여주세요.
3. 실온에서 살짝 식혔다가 밀폐 용기에 넣고 냉장고에 넣어 보관해주세요.

3. 홍차 시럽

홍차를 진하게 우린 물에 설탕을 넣고 끓여 시럽으로 만들었어요. 우유에 완성된 홍차 시럽을 취향에 맞게 넣고 섞기만 하면 아주 쉽게 밀크티를 만들 수 있답니다.

재료 홍차 티백 12개, 설탕 150g, 물 350g

1. 냄비에 물을 넣고 중불에 올려 끓여주세요.
2. 물이 끓으면 불에서 내려 홍차 티백을 넣은 뒤 뚜껑을 덮어 7분 동안 우려주세요.
3. 티백을 건져낸 뒤 설탕을 넣어주세요.
4. 중약불에 올려 젓지 말고 12분 동안 끓여주세요.
5. 농도가 걸쭉해지면 실온에서 살짝 식혔다가 밀폐 용기에 넣어 보관해주세요.

Tip

3. 바글바글 끓어오르기 때문에 냄비는 큰 걸 사용해주세요.
5. 시럽이 식으면서 좀 더 걸쭉해져요. 원하는 시럽의 농도보다 살짝 묽은 정도가 될 때까지 끓여주세요.

과일청

1. 딸기청

딸기는 표면에 광택이 있고 꼭지까지 붉은색이 돌며 꼭지가 진한 초록색을 띄는 게 싱싱해요.

재료 딸기 300g, 설탕 200g, 꿀 60g

1. 딸기는 꼭지를 제거한 뒤 과일 세정제를 이용해 깨끗하게 세척해주세요.
2. 키친타월로 딸기의 물기를 닦아주세요.
3. 설탕과 꿀을 넣고 포크로 으깨주세요.
4. 소독한 밀폐 용기에 넣어주세요.
5. 실온에서 설탕이 모두 녹을 때까지 숙성시킨 뒤 냉장고에 넣어 보관해주세요.

Tip

3. 딸기를 칼로 잘라주셔도 좋아요.

2. 사과청

사과는 꼭지가 마르지 않고 가볍게 두드렸을 때 맑은 소리가 나는 게 신선해요. 사과만 넣고 만들어도 달콤하지만 레몬을 넣으면 좀 더 상큼하게 즐길 수 있어요.

재료 사과 280g, 설탕 280g, 레몬 1개

1. 과일 세정제를 이용해 사과와 레몬을 깨끗하게 씻어주세요.
2. 키친타월로 과일의 물기를 깨끗하게 닦아주세요.
3. 사과를 8등분한 뒤 씨를 제거하고 얇게 슬라이스해주세요.
4. 유리 볼에 슬라이스한 사과, 레몬, 설탕 260g을 넣고 섞어주세요.
5. 소독한 밀폐 용기에 담고 남은 설탕 20g을 윗부분에 덮어주세요.
6. 실온에서 숙성한 뒤 설탕이 모두 녹으면 냉장고에 넣어주세요.

Tip

1. 레몬 씻는 법 - 레몬청 참고

3. 백향과청(패션후르츠청)

백향과는 강렬한 톡 쏘는 향과 신맛이 특징인 과일이에요. 과육만 냉동보관되어 판매하는 100% 패션후르츠 퓨레를 이용하면 정말 편하게 과일청을 만들 수 있어요.

재료 패션후르츠 퓨레 280g, 설탕 280g

1. 유리 볼에 과육과 설탕을 담아 수저로 섞어주세요.
2. 소독한 밀폐 용기에 넣은 뒤 실온에서 숙성시켜주세요.
3. 설탕이 모두 녹으면 냉장보관을 해주세요.

4. 레몬청

레몬청을 만들 때 가장 힘든 일이 바로 세척이에요. 잔류 농약과 과일 껍질 표면의 왁스를 제거하기 위해 힘들어도 꼼꼼히 세척해야 한답니다.

재료 레몬 350g, 설탕 280g

1. 레몬은 굵은 소금으로 문지르며 닦은 뒤 흐르는 물에 씻어주세요.
2. 과일 세정제를 이용해 2차로 세척해주세요.
3. 레몬표면의 왁스를 제거하기 위해 끓는 물에 10초 담갔다 뺀 뒤 찬물에 씻어주세요.
4. 키친타월로 과일의 물기를 깨끗하게 닦아주세요.
5. 레몬은 얇게 슬라이스해주세요.
6. 씨를 제거해주세요.
7. 유리 볼에 슬라이스한 레몬과 설탕 260g을 넣고 고르게 섞어주세요.
8. 소독한 밀폐 용기에 담고 남은 설탕 20g을 윗부분에 덮어주세요.
9. 실온에서 3일 동안 숙성한 뒤 냉장고에 넣어 보관해주세요.

Tip

5. 양 끝 꼭지 부분은 사용하지 않아요.
6. 씨가 들어가면 청에서 쓴맛이 나니 꼭 제거해주세요.

ddulgi

뚤기네

방구석
홈카페

방구석 홈베이킹

푸딩, 판나코타

젤라틴을 넣어 부드럽고 탱글탱글한 맛이 재밌는 **푸딩과 판나코타**예요. 부담스럽지 않게 입 안을 촉촉하게 하는 달콤한 디저트예요.

활용 용어, 알고 가기로 해요!

계량스푼 계량법
30p

전자저울 사용법
30p

휴지시켜주세요
36p

오븐을 예열해주세요
30p

체에 내려주세요
36p

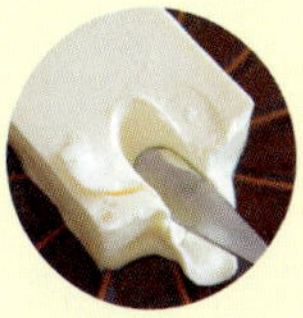

실온에 두기
34p

모르는 용어는 〈세상 진지한 초보 용어집〉을 확인해요.

전부 알겠으면 레시피 페이지로 고! 고!

커피젤리

난이도 ★

쿠킹 소요 시간 : 10분

휴지 & 오븐 소요 시간 : 5시간

커피를 디저트처럼 즐기고 싶을 때 추천하는 레시피예요.
연유나 아이스크림을 곁들여 먹으면 좀 더 풍부하고 달콤한 맛을 즐길 수 있어요.

350ml 고블렛잔 2개 분량

재료

커피젤리

- 카누 스틱 ············· 2개
- 뜨거운 물 ········ 300ml
- 설탕 ······················ 30g
- 판 젤라틴 ············· 4장

연유젤리

- 우유 ······················ 50g
- 연유 ······················ 50g
- 판 젤라틴 ············· 1장

장식용

- 아이스크림
- 로즈마리

도구

- 유리 볼
- 주걱
- 350ml 고블렛잔 2개
- 비닐 랩

준비

판 젤라틴은 차가운 물에 넣어 5분 정도 불려주세요.

1. 뜨거운 물에 설탕과 카누(인스턴트커피)를 넣고 잘 섞어주세요.

2. 꾹 짜서 물기를 제거한 판 젤라틴을 넣고 녹을 때까지 섞어주세요.

3. 유리컵에 넣은 뒤 랩을 씌워 냉장고에서 4시간 이상 굳혀두세요.

4. 따뜻하게 데운 우유에 연유와 물기를 제거한 젤라틴을 넣고 섞어주세요.

5. 단단하게 굳은 3. 위에 4.을 올리고 랩을 씌워 냉장고에서 1시간 굳혀주세요.

6. 아이스크림과 로즈마리 허브로 장식하면 완성이에요.

Tip

카누 스틱 2개는 3.2g이에요. 다른 설탕이 들어가지 않은 블랙커피면 모두 사용이 가능하답니다.

한 입 먹으면 입에서 사르르 녹아 입 안 전체를 감싸는
부드러운 식감과 달콤 쌉싸름한 맛이 정말 환상적이랍니다.

재료

푸딩 틀 4개 분량

캐러멜

설탕 ········ 60g
뜨거운 물 ········ 25g

푸딩

달걀 ········ 2개
달걀노른자 ········ 2개
우유 ········ 450g
설탕 ········ 40g
바닐라 익스트랙 1/4tsp

도구

유리 볼
실리콘 주걱
냄비
푸딩 틀
거품기
체
토치(라이터)
알루미늄 호일
오븐
오븐 전용 온도계

준비

1. 우유는 냄비에 넣어 따뜻하게 데워주세요.
2. 150℃로 오븐을 예열해주세요.

1. 냄비에 설탕을 넣고 약불에서 캐러멜색이 될 때까지 가열해주세요.

2. 뜨거운 물을 두 번에 나누어 붓고 섞어주세요.

3. 푸딩 틀에 캐러멜을 부은 뒤 냉동실에 잠시 넣어두세요.

4. 달걀, 설탕, 바닐라 익스트랙을 볼에 넣고 거품기로 가볍게 섞어주세요.

5. 우유를 끓어오르기 직전까지 가열한 뒤 반죽에 조금씩 넣어가면서 섞어주세요.

6. 부드러운 식감을 위해 5.을 체에 걸러주세요.

7. 푸딩 틀에 6.을 넣어주세요.

8. 토치(라이터)로 표면의 기포를 제거하고 알루미늄 호일을 씌워주세요.

9. 오븐 팬에 뜨거운 물을 붓고 150℃ 오븐에서 30~35분간 구운 뒤 냉장고에 4시간 넣어 식혀주세요.

10. 푸딩의 가장자리에 막대를 꽂아 한 바퀴 휙 돌린 뒤 접시를 대고 뒤집어 틀에서 꺼내주세요.

Tip

2. 찬물을 넣으면 온도 차가 심해서 캐러멜이 심하게 튈 수 있기 때문에 뜨거운 물을 넣는 거예요. 뜨거운 물을 넣어도 캐러멜이 튀기 때문에 조심해야 해요.
4. 거품기로 섞을 때는 최대한 거품이 나지 않게 저어야 완성했을 때 거품 없이 부드러운 푸딩을 만들 수 있어요.
9. 30분쯤 지났을 때 오븐 문을 열어 푸딩이 익었는지 확인해주세요. 만약 중앙 부분이 너무 찰랑거린다면 조금 더 익혀줍니다.

라즈베리 판나코타

난이도 ★

쿠킹 소요 시간 : 15분

휴지 & 오븐 소요 시간 : 4시간

기존 판나코타 레시피보다 우유의 비율이 높아 맛이 가볍고 담백한 판나코타예요.
저는 라즈베리를 올렸지만 다른 과일과도 잘 어울리니 좋아하는 과일을 입맛에 맞게 넣어 드셔도 좋아요.

판나코타 컵 2개 분량

재료

판나코타

- 판 젤라틴 ………… 2장
- 우유 ………… 150g
- 생크림 ………… 170g
- 설탕 ………… 40g
- 바닐라 익스트랙 1/2tsp

라즈베리 필링

- 냉동 라즈베리 ………… 80g
- 설탕 ………… 10g

장식용

- 타임

도구

- 유리 볼
- 실리콘 주걱
- 냄비
- 판나코타 컵 2개
- 가스레인지
- 냉장고

준비

1. 판 젤라틴은 차가운 물에 넣어 5분 정도 불려주세요.
2. 라즈베리는 사용하기 30분 전에 냉동실에서 꺼내 해동해주세요.

1. 우유, 생크림, 설탕을 냄비에 넣고 섞은 뒤 중불에서 연기가 올라올 때까지 데워주세요.

2. 불에서 내린 뒤 꾹 짜서 물기를 제거한 판 젤라틴과 바닐라 익스트랙을 넣고 섞어주세요.

3. 유리컵에 2.을 넣은 뒤 랩을 씌워 냉장고에서 4시간 이상 충분히 굳혀두세요.

4. 냉동 라즈베리와 설탕을 냄비에 넣고 중불에 올려 4분 정도 익혀주세요.

5. 단단하게 굳은 판나코타 위에 4.을 올려주세요.

6. 장식용 타임을 올려주세요.

1. 우유를 너무 높은 온도로 가열하면 굳은 뒤 판나코타의 표면이 쭈글쭈글해져요. 연기가 올라오고 기포가 한두 개씩 올라올 때까지만 살짝 데워주세요.

말차 판나코타

난이도 ★

쿠킹 소요 시간 : 20분

휴지 & 오븐 소요 시간 : 4시간

말차의 씁쓸한 맛과 흑당의 달콤한 맛이 굉장히 잘 어울리는 디저트예요.

재료

360ml 유리컵 2개 분량

말차	1Tbsp	우유	180g
설탕	40g	생크림	140g
뜨거운 물	1Tbsp	흑당 시럽	적당량
판 젤라틴	2장	빙수용 팥	적당량

도구

유리 볼
냄비
실리콘 주걱
360ml 유리컵 2개
가스레인지
비닐 랩

준비

판 젤라틴은 차가운 물에 넣어 5분 정도 불려주세요.

1. 말차와 설탕을 티스푼으로 먼저 섞어주세요.

2. 뜨거운 물을 넣어 덩어리가 없도록 잘 섞어두세요.

3. 우유와 생크림을 냄비에 넣고 중불에서 연기가 올라올 때까지 데워주세요.

4. 불을 끄고 2.을 넣어 섞어주세요.

5. 꾹 짜서 물기를 제거한 판 젤라틴을 넣고 녹을 때까지 섞어주세요.

6. 5.이 걸쭉해질 때까지 얼음물을 받쳐 저어주세요.

7. 유리컵에 넣은 뒤 랩을 씌워 냉장고에서 4시간 이상 굳혀주세요.

8. 빙수용 팥과 흑당 시럽을 올려주세요.

Tip

판나코타를 굳히는 동안 말차 가루가 아래에 가라앉지 않게 하기 위해 꼭 얼음물에 담가 식힌 뒤 유리컵에 담아주세요.

얼그레이 크렘브륄레

난이도 ★

쿠킹 소요 시간 : 30분

휴지 & 오븐 소요 시간 : 4시간 30분

향긋한 얼그레이 향과 크림처럼 부드러운 식감이 매력적인 디저트예요.
윗면의 설탕 막을 톡톡 깨서 먹는 재미가 있답니다.
단맛이 강하기 때문에 플랫화이트 같은 진한 커피와 잘 어울려요.

재료

지름 8.5cm 원형 수플레 컵 4개 분량

크렘브륄레

얼그레이 티백 ······· 1개
달걀노른자 ············ 4개
설탕 ························· 50g
생크림 ··················· 400g

장식용

설탕 ···················· 적당량

도구

유리 볼
냄비
거품기
실리콘 주걱
체
수플레 컵
토치
알루미늄 호일
오븐
테프론시트
오븐 전용 온도계

준비

1. 오븐을 160℃로 예열해주세요.

1. 생크림, 얼그레이 티백을 냄비에 넣어 중불에서 끓기 직전까지 데우고 뚜껑을 덮어 5분 동안 우려주세요.

2. 볼에 노른자와 설탕을 넣고 섞어주세요.

3. 1.을 조금씩 넣어가며 거품기로 천천히 섞어주세요.

4. 부드러운 식감을 위해 체에 걸러주세요.

5. 수플레 컵에 넣어주세요.

6. 토치(혹은 라이터)로 표면의 기포를 제거하고 호일을 씌워주세요.

7. 오븐 팬에 뜨거운 물을 1cm 높이 정도 넣고 160℃ 예열한 오븐에 30분 구운 뒤 냉장고에 넣어 충분히 식혀주세요.

8. 윗면에 설탕을 얇게 뿌린 뒤 토치로 그을려주세요.

Tip

3. 거품이 나지 않도록 주의해주세요.
7. 흔들었을 때 찰랑거리지 않고 묵처럼 단단하면 다 익은 거예요.

체리 클라푸티

난이도 ★★

쿠킹 소요 시간 : 20분

휴지 & 오븐 소요 시간 : 45분

여름의 싱싱한 체리가 있다면 꼭 만들어보세요.
만드는 과정은 간단하지만 정말 맛있답니다.
따뜻할 때 먹어도 좋고 차갑게 식힌 뒤 먹어도 좋아요.

재료

지름 25cm 원형 팬 1개 분량

버터 ························ 20g
달걀 ························ 2개
박력분 ······················ 50g
설탕 ························ 45g
우유 ························ 150g
바닐라 익스트랙 1/2tsp

체리 ························ 30알
팬에 코팅할 무염버터
································· 적당량

장식용

슈가 파우더 ····· 적당량

도구

빨대(젓가락)
유리 볼
냄비
거품기
체
지름 25cm 원형 팬 1개
오븐
오븐 전용 온도계
과일 세정제(선택)

준비

1. 꼭지를 제거한 체리는 과일 세정제를 이용해 깨끗이 씻고 물기를 제거해서 준비해주세요.
2. 틀에 녹인 버터를 발라 준비해두세요.
3. 오븐을 180℃로 예열해두세요.

1. 빨대나 젓가락을 이용해 체리의 중간 부분을 찔러 체리 씨를 제거해두세요.

2. 우유와 무염버터를 냄비에 넣고 중불로 살짝 데워두세요.

3. 달걀, 설탕, 바닐라 익스트랙을 볼에 넣고 거품기로 섞어주세요.

4. 박력분을 체에 내려 넣고 가루가 보이지 않을 때까지 거품기로 천천히 섞어주세요.

5. 2.을 조금씩 넣어가며 거품기로 섞어주세요.

6. 부드러운 식감을 위해 체에 걸러주세요.

7. 무염버터를 바른 팬에 체리와 6.을 넣어주세요.

8. 180℃ 오븐에 넣어 40~45분 구운 뒤 슈가 파우더를 뿌려 장식해주세요.

Tip

1. 체리 과즙이 튈 수 있으니 꼭 앞치마를 입고 작업해주세요. 체리가 없다면 다른 과일을 넣어서 만들어도 좋아요. 과육이 너무 무른 과일보다는 단단한 살구나 사과, 복숭아 같은 과일을 사용해주세요. 빨대로 체리 씨를 제거하는 게 어렵다면 체리를 반으로 갈라 씨를 제거한 뒤 사용해도 좋아요.

스콘

스콘(scone)은 영국의 대표 요리로 비교적 적은 재료로 간단하게 구워내는 빵이에요. 바삭하고 고소한 스콘을 여러 가지 방법으로 즐겨봐요!

ddulgi

활용 용어, 알고 가기로 해요!

계량스푼 계량법
30p

전자저울 사용법
30p

오븐을 예열해주세요
30p

휴지시켜주세요
36p

덧가루를 뿌려주세요
36p

달걀물을 발라주세요
34p

자르듯이 섞어주세요
33p

모르는 용어는 **〈세상 진지한 초보 용어집〉**을 확인해요.
전부 알겠으면 레시피 페이지로 고! 고!

버터 없이 생크림으로 만들어 일반 스콘보다 촉촉하고 부드러운 생크림 스콘에
여름철 남은 빙수용 팥을 활용해서 달콤하게 앙버터를 만들어봤어요.

재료

5개 분량

중력분 ··············· 150g
설탕 ··············· 25g
베이킹파우더 ······· 1tsp
소금 ··············· 1/8tsp
생크림 ··············· 150g

샌드할 버터와 빙수용 팥
스콘 위에 바를 달걀물

도구

유리 볼
비닐 랩
실리콘 주걱
스크래퍼
밀대
작업대
실리콘 붓
오븐
오븐 전용 온도계
테프론시트

준비

1. 모든 재료는 차갑게 준비해주세요.
2. 오븐은 200℃로 예열해주세요.
3. 시럽이 너무 많은 빙수용 팥은 체에 받쳐 물기를 제거한 뒤 사용해주세요.

1. 볼에 중력분, 설탕, 소금, 베이킹파우더를 넣고 가볍게 섞어주세요.

2. 생크림을 넣고 주걱으로 섞어주세요.

3. 랩을 씌워 냉장고에서 1시간 휴지시켜두세요.

4. 덧가루를 뿌리고 반죽을 동그란 모양으로 밀어주세요.

5. 스크래퍼를 이용해 5등분한 뒤 오븐 팬에 올려주세요.

6. 달걀물을 바른 뒤 200℃ 예열한 오븐에 넣어 13분 정도 구워주세요.

7. 스콘을 식힌 뒤 반으로 잘라 차가운 버터와 빙수용 팥을 넣어 샌드해주세요.

영국식 스콘

난이도 ★★

쿠킹 소요 시간 : 25분

휴지 & 오븐 소요 시간 : 45분

영국풍 스콘은 무염버터를 아주 잘게 쪼개서 만들기 때문에 촉촉하고 치밀한 식감이 특징이랍니다.
딸기잼이나 클로티드 크림을 곁들이면 더욱 맛있어요.

재료

4개 분량

중력분 ················ 150g
설탕 ······················ 30g
베이킹파우더 1과 1/2tsp
소금 ················· 1/8tsp
무염버터 ·············· 30g
우유 ······················ 45g

달걀 1/2개
스콘 위에 바를 달걀물

준비

1. 모든 재료는 차갑게 준비해주세요.
2. 달걀과 우유를 섞어 달걀물을 준비해주세요.
3. 오븐은 200℃로 예열해주세요.

도구

유리 볼
실리콘 주걱
스크래퍼
랩
원형 쿠키 커터
밀대
작업대
실리콘 주걱
오븐
테프론시트
오븐 전용 온도계

1. 볼에 가루 재료를 넣고 가볍게 섞어주세요.

2. 차가운 무염 버터를 넣고 스크래퍼로 무염버터를 쌀알 크기로 작게 잘라주세요.

3. 손을 이용해 아직 작게 잘리지 않은 큰 버터를 손으로 작게 쪼개주세요.

4. 달걀, 우유를 섞은 뒤 반죽에 넣고 스크래퍼를 이용해 섞어주세요.

5. 반죽은 치대지 않고 가볍게 한 덩어리가 될 때까지만 뭉쳐주세요.

6. 랩을 씌워 냉장고에서 30분간 휴지시켜주세요.

7. 덧가루를 뿌려가며 반죽이 달라붙지 않도록 밀대로 밀고 원형 쿠키 커터로 찍어내 주세요.

8. 오븐 팬에 올려 달걀물을 바른 뒤 200℃ 예열한 오븐에 넣어 15분 정도 구워주세요.

Tip

2, 4. 스크래퍼로 작업을 해주세요. 온도가 높은 손으로 반죽을 계속 만지다 보면 무염버터가 녹으면서 반죽이 질척거린답니다.
3. 너무 오래 만지면 버터가 녹으니 가볍게만 작업해주세요.
8. 스콘 윗면에 광택과 구움 색이 나도록 달걀물을 발라주세요.

홍차 스콘

난이도 ★★

쿠킹 소요 시간 : 25분

휴지 & 오븐 소요 시간 : 45분

얼그레이 잎 차를 넣어 향긋한 베르가모트 향이 은은하게 퍼지는 스콘이에요.
홍차나 밀크티와 아주 잘 어울린답니다.

재료

6개 분량

중력분 ………… 150g
설탕 ………… 30g
소금 ………… 1/8tsp
베이킹파우더 1과 1/2tsp
무염버터 ………… 40g
얼그레이 티백 …… 1개
우유 ………… 50g

도구

유리 볼
스크래퍼
비닐 랩
쿠키 커터
밀대
작업대
실리콘 붓
오븐
테프론시트
오븐 온도계

준비

1. 모든 재료는 차갑게 준비해주세요.
2. 얼그레이 티백을 잘라 잎 차만 준비해주세요.
3. 오븐은 200℃로 예열해주세요.

1. 볼에 중력분, 설탕, 소금, 베이킹파우더를 넣고 가볍게 섞어주세요.

2. 차가운 무염버터를 넣고 스크래퍼를 이용해 팥알 크기 정도로 잘라주세요.

3. 우유, 홍차 잎을 넣고 가루가 약간 보일 때까지만 섞어주세요.

4. 반죽을 작업대에 옮겨 한 덩어리로 가볍게 뭉쳐주세요.

5. 반으로 잘라 겹치고 스크래퍼로 눌러주세요.
이 과정을 네 번 정도 반복해요.

6. 랩을 씌워 냉장고에서 30분간 휴지시켜주세요.

7. 덧가루를 뿌리고 반죽을 밀대로 밀어주세요.

8. 쿠키 커터로 반죽을 찍어내주세요.

9. 오븐 팬에 올려 달걀물을 바른 뒤 200℃ 예열한 오븐에 넣어 15분 구워주세요.

Tip

손이 최대한 반죽과 직접 닿지 않도록 작업해주세요. 온도가 높은 손으로 반죽을 계속 만지다 보면 무염버터가 녹으면서 반죽이 질척거린답니다.

달고나 스콘

난이도 ★★

쿠킹 소요 시간 : 30분

휴지 & 오븐 소요 시간 : 45분

단맛이 적고 담백한 스콘은 달콤한 달고나와 아주 잘 어울려요.
딱딱하게 굳은 달고나를 깨 먹는 것도 재미랍니다!

4개 분량

재료

스콘

박력분 ··· 150g
설탕 ··· 20g
소금 ··· 1/8tsp
베이킹파우더 1과 1/2tsp
무염버터 ··· 40g
우유 ··· 40g
달걀 ··· 1/2개

달고나

설탕 ··· 100g
베이킹소다 ··· 2g
올리고당 ··· 20g

준비

1. 모든 재료는 차갑게 준비해주세요.
2. 달걀과 우유를 섞어 준비해주세요.
3. 오븐은 200℃로 예열해주세요.

도구

푸드 프로세서
유리 볼
스크래퍼
랩
밀대
작업대
냄비
실리콘 주걱
아이스크림 스쿱
오븐
오븐 전용 온도계
테프론시트

★ 스콘 만들기

1. 푸드 프로세서에 박력분, 설탕, 소금, 베이킹파우더를 넣고 섞어주세요.

2. 차가운 무염버터를 넣고 무염버터가 쌀알 크기가 될 때까지 돌려주세요.

3. 볼에 옮겨 담은 뒤 달걀, 우유를 넣고 가루가 약간 보일 때까지만 섞어주세요.

4. 반죽을 한 덩어리로 뭉쳐주세요. 이때 너무 치대지 마세요.

5. 랩을 씌워 사각형으로 모양을 잡고 냉장고에서 30분간 휴지시켜주세요.

6. 덧가루를 뿌리고 반죽을 밀대로 밀어주세요.

7. 스크래퍼를 이용해 사각형 모양으로 잘라주세요.

8. 오븐 팬에 올리고 200℃ 예열한 오븐에 넣어 15분 구워두세요.

★ 달고나 만들기

9. 냄비에 설탕과 올리고당을 넣고 약불에서 설탕을 녹여주세요.

10. 설탕이 모두 녹고 연한 캐러멜색이 올라오면 베이킹소다를 넣어주세요.

11. 실리콘 주걱으로 재빠르게 섞어주세요.

12. 달고나가 굳기 전에 빠르게 스콘 위에 올려주세요.

Tip

12. 종이 유산지나 테프론시트 위에서 올려주세요.

시나몬롤 스콘

난이도 ★★

쿠킹 소요 시간 : 25분

휴지 & 오븐 소요 시간 : 55분

바삭하고 담백한 스콘에 달콤한 시나몬 설탕을 넣고 돌돌 말아 쿠키처럼 만들었어요.
잼이나 크림 없이 그냥 먹어도 맛있답니다.

8개 분량

재료

박력분	150g	무염버터	60g
소금	1/8tsp	우유	50g
설탕	10g	황설탕	20g
베이킹파우더	1과 1/2tsp	시나몬 파우더	1/2tsp

도구

푸드 프로세서
실리콘 주걱
작업대
밀대
비닐 랩
칼
오븐
오븐 전용 온도계
테프론시트

준비

1. 모든 재료는 차갑게 준비해주세요.
2. 시나몬 파우더와 설탕을 섞어 준비해주세요.
3. 오븐은 200℃로 예열해주세요.

1. 푸드 프로세서에 박력분, 소금, 설탕, 베이킹파우더, 무염버터를 넣고 무염버터가 팥알 크기가 될 때까지 갈아주세요.

2. 1.을 볼에 담고 우유를 넣어 주걱으로 가볍게 섞어주세요.

3. 반죽이 어느 정도 뭉쳐지면 작업대에 올려주세요.

4. 밀대를 이용해 1cm 두께의 직사각형 모양으로 밀어주세요.

5. 반죽의 끝부분을 2cm 정도 남기고 시나몬 파우더와 설탕을 고르게 뿌려주세요.

6. 단단하게 말아주고 끝부분이 잘 붙도록 살짝 눌러주세요.

7. 랩으로 감싸 냉동실에서 40분 정도 굳혀주세요.

8. 반죽을 1.5~2cm 두께로 잘라주세요.

9. 쿠키 팬에 올려 200℃ 오븐에서 15분간 구워주세요.

베이컨 감자 스콘

난이도 ★

쿠킹 소요 시간 : 25분

휴지 & 오븐 소요 시간 : 15분

감자와 베이컨이 듬뿍 들어가 아침 대용으로 먹기 좋은 메뉴예요.
이 스콘은 마요네즈에 찍어 먹으면 정말 맛있답니다.

5개 분량

재료

감자	100g	무염버터	40g
베이컨	50g	달걀	1/2개
중력분	150g	우유	50g
설탕	15g		
소금	1/8tsp		
베이킹파우더	1과 1/2tsp		

도구

프라이팬
푸드매셔
실리콘 주걱
푸드 프로세서
아이스크림 스쿱
오븐
오븐 전용 온도계
테프론시트

준비

1. 모든 재료는 차갑게 준비해주세요.
2. 달걀과 우유를 섞어 준비해주세요.
3. 오븐은 200℃로 예열해주세요.

1. 삶은 감자는 푸드매셔를 이용해 곱게 으깬 뒤 차갑게 준비해두세요.

2. 베이컨은 프라이팬에 바싹 구워 기름을 빼낸 뒤 식혀두세요.

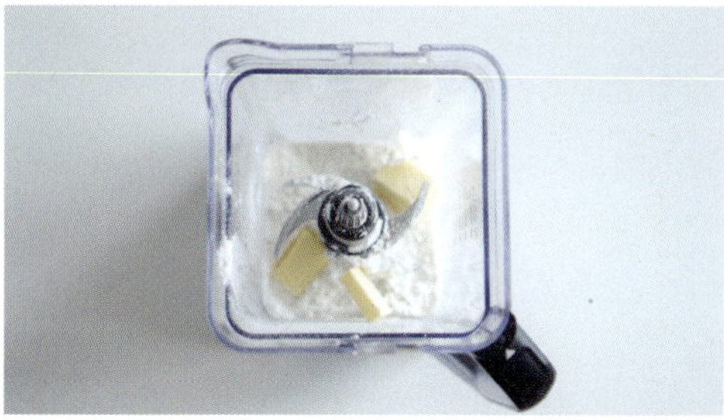

3. 푸드 프로세서에 중력분, 소금, 설탕, 베이킹파우더, 무염버터를 넣고 버터가 쌀알 크기가 될 때까지 갈아주세요.

4. 3.을 볼에 옮겨 담은 뒤 감자와 베이컨을 넣고 주걱으로 가볍게 섞어주세요.

5. 달걀, 우유를 반죽에 넣고 가루가 보이지 않을 때까지 섞어주세요.

6. 아이스크림 스쿱을 이용해 팬닝한 뒤 200℃ 오븐에 넣어 15분간 구워주세요.

Tip

1. 푸드매셔가 없다면 포크로 으깨주세요.

ddulgi

팬케이크

밀가루에 달걀 · 버터 · 설탕 등을 섞어 얇게 구운 디저트예요. **한 끼 식사처럼 든든하게** 먹을 수도 있고 노 오븐 베이킹도 할 수 있는 만능 홈베이킹 요리입니다.

활용 용어, 알고 가기로 해요!

계량스푼 계량법
30p

전자저울 사용법
30p

머랭을 올려주세요
33p

생크림을 올려주세요
32p

실온에 두기
34p

체에 내려주세요
36p

오븐을 예열해주세요
30p

휴지시켜주세요
36p

모르는 용어는 〈세상 진지한 초보 용어집〉을 확인해요.
전부 알겠으면 레시피 페이지로 고! 고!

수플레 팬케이크

난이도 ★★★★

쿠킹 소요 시간 : 30분

구름처럼 아주아주 부드럽고 가벼운 식감의 팬케이크예요.
메이플시럽이나 생크림을 곁들여 먹으면 정말 맛있어요.

재료

2개 분량

박력분 ········ 20g
달걀 ········ 1개
설탕 ········ 13g
우유 ········ 10g
바닐라 익스트랙 1/4tsp
레몬즙 ········ 1/4tsp
(안정적인 머랭, 달걀 냄새 제거에 쓰여요.)
버터 조각
메이플 시럽

도구

핸드 믹서
유리 볼
거품기
실리콘 주걱
체
20cm 프라이팬
프라이팬 뚜껑
뒤집개
짤주머니
타이머

준비

1. 달걀흰자와 노른자를 분리해주세요.
2. 머랭을 올릴 볼은 깨끗하게 닦아서 준비해주세요.

1. 달걀노른자에 우유를 넣고 거품기로 섞어주세요.

2. 바닐라 익스트랙과 체에 내린 박력분을 넣고 거품기로 섞어두세요.

3. 달걀흰자에 설탕을 3번에 나누어 넣어가며 핸드 믹서의 중 단계로 머랭을 올려주세요.

4. 들어 올렸을 때 뾰족한 뿔이 생길 정도로 단단하게 머랭을 올려주세요.

5. 2.에 머랭을 1/3 정도 덜어 넣은 뒤 주걱으로 잘 섞어주세요.

6. 5.을 남은 머랭이 있는 볼에 넣고 주걱으로 거품이 꺼지지 않도록 조심하며 섞어주세요.

7. 노른자 반죽과 머랭이 골고루 섞이면 짤주머니에 담아두세요.

8. 프라이팬을 약불에 올리고 식용유를 듬뿍 칠해주세요.

9. 프라이팬의 온도가 높아지면 7.의 반죽을 짜주세요. 구워지면서 부풀기 때문에 적당히 거리를 두고 짜주세요.

10. 뚜껑을 덮어 가장 약한 불에서 5분 구워주세요.

11. 뒤집개로 조심스럽게 뒤집은 뒤 다시 뚜껑을 덮고 가장 약한 불에서 5분 익혀줍니다.

12. 프라이팬에서 꺼내 접시에 올린 뒤 버터와 메이플 시럽을 뿌려 먹습니다.

크레페 수제트

난이도 ★★

쿠킹 소요 시간 : 40분

휴지 & 오븐 소요 시간 : 30분

얇고 쫀득한 크레페를 오렌지 소스에 넣고 가볍게 끓여 완성한 프랑스식 디저트예요.
그냥 먹어도 맛있지만 아이스크림을 곁들이면 정말 환상적이에요.

재료

지름 20cm 크레페 5장 분량

크레페 반죽

- 달걀 ······ 1개
- 박력분 ······ 50g
- 우유 ······ 125g
- 설탕 ······ 15g
- 녹인 무염버터 ······ 15g

오렌지 소스

- 오렌지즙 ······ 250ml
- 무염버터 ······ 10g
- 설탕 ······ 25g
- 오렌지 반 개 분량의 껍질

장식용

- 타임
- 아이스크림

분량 외

- 식용유

도구

- 유리 볼
- 거품기
- 체
- 지름 20cm 프라이팬
- 지름 26cm 프라이팬
- 실리콘 주걱
- 도마
- 주걱
- 레몬스퀴저
- 냉장고

준비

1. 달걀은 실온에 30분 두어 냉기를 없애주세요.
2. 우유는 따뜻하게 데워주세요.
3. 무염버터는 전자레인지에 돌려 녹여주세요.

★ 크레페 만들기

1. 달걀과 설탕을 볼에 넣은 뒤 거품기로 섞어주세요.

2. 박력분을 넣어 거품기로 가루가 보이지 않을 때까지 섞어주세요.

3. 따뜻한 우유를 조금씩 넣어가며 거품기로 섞어주세요.

4. 녹인 무염버터를 넣고 가볍게 섞어주세요.

5. 체에 거른 뒤 냉장고에서 30분 정도 휴지시켜주세요.

6. 예열된 프라이팬에 분량 외 식용유로 살짝 코팅한 뒤 약불에서 반죽을 넣어 얇게 펼쳐주세요.

7. 테두리가 마르고 윗면이 익으면 뒤집어서 5초 정도 더 익혀주세요.

8. 크레이프를 2번 접어 부채꼴 모양으로 만들어주세요.

★ 오렌지 소스 만들기

9. 오렌지 껍질을 자르고 반으로 갈라 오렌지즙을 착즙해주세요.

10. 팬에 설탕을 넣고 약불에서 연한 캐러멜색이 올라올 때까지 가열해주세요.

11. 오렌지즙, 오렌지 껍질, 무염버터를 넣고 살짝 끓여 주세요.

12. 크레이프를 넣고 중불에서 30초 정도 끓여주세요. 그릇에 담고 장식용 타임과 아이스크림을 얹어주세요.

Tip

9. 주황색 부분만 잘라주세요. 껍질의 흰 부분이 들어가면 쓴맛이 나요.

홍콩식 망고 크레페

난이도 ★★★

쿠킹 소요 시간 : 40분

휴지 & 오븐 소요 시간 : 30분

쫄깃한 크레페 반죽에 달콤한 망고와 생크림을 넣어 만든 디저트예요.
망고뿐만 아니라 다른 과일과도 잘 어울리기 때문에 좋아하는 과일을 넣어서 만들어보세요.

재료

4개 분량

크레페 반죽

달걀 ························ 1개
박력분 ···················· 15g
옥수수 전분 ········· 15g
설탕 ······················· 10g
우유 ······················· 75g
무염버터 ················· 5g
노란색 식용 색소

크림

생크림 ················ 120g
(단단한 생크림)
설탕 ······················ 12g
망고 ························ 1개

도구

유리 볼
거품기
체
지름 20cm 프라이팬
도마
칼
핸드 믹서
과일 세정제
가스레인지
얼음물

준비

1. 박력분과 옥수수 전분은 체에 내려 준비해주세요.
2. 무염버터는 전자레인지에 30초 정도 돌려 녹여주세요.
3. 망고는 과일 세정제를 이용해 깨끗하게 씻어서 준비해주세요.

★ 크레페 만들기

1. 달걀과 설탕 10g, 식용 색소를 볼에 넣은 뒤 거품기로 섞어주세요.

2. 박력분, 옥수수 전분을 넣어 거품기로 가루가 보이지 않을 때까지 섞어주세요.

3. 우유를 조금씩 넣어가며 거품기로 섞은 뒤 무염버터도 녹여 넣고 섞어주세요.

4. 체에 내린 뒤 랩을 씌워 냉장고에서 30분간 휴지시켜주세요.

5. 예열한 프라이팬을 식용유로 살짝 코팅한 뒤 약불에서 4.을 넣어 얇게 펼쳐주세요.

6. 테두리가 마르고 윗면이 익으면 뒤집어서 5초 정도 더 익혀주세요.

7. 접시에 올려 완전히 식혀두세요.

★ 크림 만들기

8. 볼에 생크림과 설탕 12g을 넣고 얼음물을 밑에 받쳐 핸드 믹서의 중간 속도로 휘핑해주세요.

9. 망고는 씨를 제거하고 정사각형 모양으로 잘라서 준비해주세요.

10. 생크림과 망고를 올리고 사방으로 접어주세요. 망고는 평평한 면이 위로 올라오도록 해주세요.

11. 접힌 부분이 밑으로 가게 해서 냉동실에 넣어 30분 정도 굳혀주세요.

Tip

7. 겹쳐도 달라붙지 않아요.
8. 생크림은 높은 온도에서 휘핑하면 버글거려요. 차가운 생크림을 사용하고 특히 여름에는 꼭 얼음물을 받혀서 올려주세요.(90% 단단하게 휘핑해주세요.)

카스테라 팬케이크

난이도 ★★★★

쿠킹 소요 시간 :25분

휴지 & 오븐 소요 시간 : 21분

오븐에서 꺼내자마자 크고 두툼한 무염버터와 달콤한 메이플시럽을 듬뿍 올려서 먹어보세요.
시원한 우유 베이스의 음료와 최고조합이랍니다.

재료

지름 20cm 무쇠 팬 1개 분량

팬케이크

달걀노른자 ············ 3개
설탕 ························ 10g
꿀 ···························· 10g
우유 ························ 52g
박력분 ···················· 60g
베이킹파우더 ·········· 3g
바닐라 익스트랙 1/2tsp

머랭

달걀흰자 ······· 3개 분량
설탕 ························ 35g

장식용

무염버터 ········· 한 조각
메이플 시럽(선택)

분량 외

팬에 칠할 녹인 무염버터

도구

유리 볼
거품기
체
지름 20cm 무쇠 팬
핸드 믹서
실리콘 주걱
오븐
오븐 전용 온도계
칼

준비

1. 흰자와 노른자를 분리하고 흰자는 사용하기 전까지 냉장고에 넣어두세요.
2. 팬에 분량 외의 녹인 무염버터를 칠해주세요.
3. 오븐은 180℃로 예열해주세요.

1. 달걀노른자, 꿀, 설탕 10g, 우유, 바닐라 익스트랙을 거품기로 고르게 섞어주세요.

2. 박력분과 베이킹파우더를 체에 내린 뒤 1.에 넣어 거품기로 섞어두세요.

★ 머랭 만들기

3. 차가운 달걀흰자에 설탕 35g을 3번에 나누어 넣어가며 핸드 믹서의 중간 속도로 단단하게 머랭을 올려주세요.

4. 핸드 믹서를 들어 올렸을 때 끝이 살짝 구부러지는 정도로 올려줍니다.

5. 머랭의 1/2을 2.에 넣고 주걱으로 부드럽게 섞어주세요.

6. 남은 머랭을 모두 넣은 뒤 주걱으로 최대한 거품이 꺼지지 않도록 주의하며 섞어주세요.

7. 반죽을 팬에 넣고 180℃ 오븐에 7분 정도 돌려주세요.

8. 팬을 오븐에서 꺼내 십자(+)로 칼집을 낸 뒤 다시 오븐에 넣어 14분 정도 구워주세요.

Tip

완성된 팬케이크 무염버터를 꼭 올려드세요~! 그냥 먹는 것과 무염버터를 함께 곁들여 먹는 건 맛의 차이가 엄청 크답니다. 메이플시럽을 뿌려 드시면 더욱 맛있어요.

바나나 팬케이크

난이도 ★★

쿠킹 소요 시간 : 25분

휴지 & 오븐 소요 시간 : 30분

바나나는 제가 정말 좋아하는 과일이에요.
그래서 가끔 바나나를 넣은 팬케이크로 주말 브런치를 즐긴답니다.
일반 팬케이크보다 훨씬 촉촉하고 쫀득한 식감이에요.

재료

팬케이크 5장 분량

팬케이크

박력분 ········ 86g
바나나 ········ 90g
달걀 ········ 반 개
설탕 ········ 18g
베이킹파우더 ········ 4g
우유 ········ 70g
무염버터 ········ 15g
소금 ········ 한 꼬집
팬에 두를 오일 조금

장식용

아이스크림 한 스쿱
바나나
슈가 파우더 적당량
로즈마리
피스타치오

도구

유리 볼
거품기
푸드매셔
실리콘 주걱
프라이팬
아이스크림 스쿱
키친타월
분당체
가스레인지

준비

1. 무염버터는 중탕(혹은 전자레인지)으로 녹여서 준비해주세요.

1. 바나나를 푸드매셔로 으깨두세요.

2. 박력분, 베이킹파우더, 설탕, 소금을 볼에 넣고 거품기로 가볍게 섞어주세요.

3. 달걀, 우유, 녹인 무염버터, 으깬 바나나를 2.에 넣어 가볍게 섞어주세요.

4. 냉장고에서 30분 정도 휴지시켜주세요.

5. 프라이팬을 중약불에 올려 예열한 뒤 오일을 두르고 키친타월로 살짝 닦아주세요.

6. 반죽을 올리고 약불에서 구워주세요.

7. 거품이 올라오면 뒤집어서 익혀주세요.

8. 바나나, 로즈마리, 피스타치오, 생크림 등으로 장식하고 슈가 파우더를 분당체로 골고루 뿌려 마무리해요.

Tip

2. 재료를 섞을 때 최대한 적게 섞어야 해요! 밀가루가 보이지 않으면 바로 섞는 걸 멈춰주세요. 많이 섞을수록 맛이 없답니다.
4. 반죽의 수분이 날아가고 냉장고 냄새가 들어갈 수 있기 때문에 랩이나 비닐을 씌우거나 혹은 뚜껑이 있는 통에 넣어서 휴지시켜야 해요.
5. 오일을 깨끗하게 닦아내면 매끄러운 색이 나오고 오일을 닦지 않고 구우면 얼룩덜룩한 무늬가 생긴답니다.

더치베이비 팬케이크

난이도 ★

쿠킹 소요 시간 : 10분

휴지 & 오븐 소요 시간 : 35분

팽창제 없이 팬과 반죽의 온도 차이만으로 오븐 속에서 크게 부풀어 오르는
이 특이한 독일식 팬케이크는 일반 팬케이크와는 다르게 바삭한 맛이 매력이랍니다.

재료

지름 20cm 무쇠 팬 1개 분량

달걀 ······ 75g
우유 ······ 90g
설탕 ······ 10g
박력분 ······ 45g
무염버터 ······ 12g

코팅용

무염버터 ······ 1Tbsp

장식용

생과일 ······ 적당량
마스카포네 치즈 적당량

도구

지름 20cm 무쇠 팬
블렌더
오븐
오븐 전용 온도계
아이스크림 스쿱
전자레인지

준비

1. 반죽에 넣을 무염버터 12g은 전자레인지에 15초 돌려 완전히 녹여주세요.
2. 무쇠 팬에 코팅할 무염버터는 실온에 30분 두어 찬기를 없애주세요.

1. 달걀, 우유, 설탕, 박력분, 녹인 무염버터 12g을 블렌더에 넣고 10초 동안 돌린 뒤 냉장고에 20분 정도 넣어 두세요.

2. 반죽을 냉장고에서 차갑게 할 동안 무쇠 팬을 오븐에 넣고 230℃로 예열해주세요.

3. 예열이 끝난 무쇠 팬에 코팅용 무염버터를 두르고, 1.을 부은 후 오븐에 넣어 220℃로 15분 동안 구워주세요.

4. 3.에 취향에 맞는 과일과 마스카포네 치즈를 올리고 슈가 파우더를 뿌려 장식해주세요.

Tip

2. 무쇠 팬이 없다면 1호 원형 팬이나 법랑팬을 사용해도 좋아요. 오븐에 넣을 수 있는 열전도율이 빠른 팬이면 뭐든 사용이 가능하답니다.
3. 예열한 무쇠 팬이 차가운 반죽에 식기 전에 바로 오븐에 넣어주세요.

케이크

디저트의 대표 메뉴 **케이크**예요.
폭신하게 부드럽게 감미롭게!
친구, 가족과 함께 즐겨요.

활용 용어, 알고 가기로 해요!

계량스푼 계량법
30p

전자저울 사용법
30p

오븐을 예열해주세요
30p

틀에 유산지를
재단해주세요
31p

체에 내려주세요
36p

생크림을 올려주세요
32p

팬닝해주세요
32p

휴지시켜주세요
36p

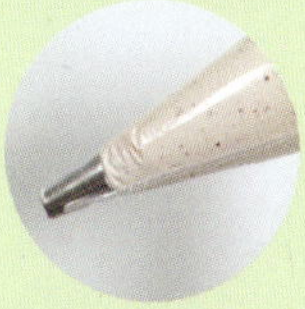
짤주머니에 넣어주세요
35p

실온에 두기
34p

중탕해주세요
35p

모르는 용어는 〈세상 진지한 초보 용어집〉을 확인해요.
전부 알겠으면 레시피 페이지로 고! 고!

바스크 치즈케이크

난이도 ★★

쿠킹 소요 시간 : 25분

휴지 & 오븐 소요 시간 : 5시간 26분

윗면이 새까매서 꼭 실패한 것처럼 보이지만 원래 이런 케이크랍니다.
굽는 시간을 1~2분 정도 줄이면 케이크의 중앙 부분이 크림같이 나와요.

높은 원형 틀 1호 분량

재료

치즈케이크

크림치즈 ············ 350g
설탕 ······················ 90g
생크림 ················ 160g
달걀 ························ 3개
레몬즙 ··················· 1tsp
바닐라 익스트랙 1/2tsp
박력분 ··················· 14g

분량 외

코팅용 무염버터 적당량

도구

유리 볼
거품기
체
실리콘 주걱
높은 원형 틀 1호
종이 유산지
오븐
오븐 전용 온도계

준비

1. 치즈, 달걀, 생크림은 실온에 두었다 사용해주세요.
2. 오븐은 230℃로 예열해주세요.

1. 원형 틀에 분량 외 무염버터칠을 한 뒤 유산지를 구겨 넣어 준비해두세요.

2. 크림치즈를 주걱으로 부드럽게 풀어주세요.

3. 설탕을 넣고 마요네즈처럼 부드러워질 때까지 주걱으로 섞어주세요.

4. 달걀을 세 번에 나누어 넣으며 반죽에 공기가 들어가지 않도록 섞어주세요.

5. 생크림, 레몬즙, 바닐라 익스트랙을 넣고 섞어주세요.

6. 체에 내린 박력분을 넣고 거품기를 수직으로 세워 섞어주세요.

7. 준비한 1. 틀에 반죽을 넣고 틀을 바닥에 살짝 내리쳐 기포를 제거해주세요.

8. 230℃ 오븐에 26분 구운 뒤 냉장고에 넣어 5시간 동안 굳혀주세요.

Tip

2. 치즈를 부드럽게 풀어야 치즈 덩어리 없는 치즈케이크를 만들 수 있어요.
4. 최대한 공기가 들어가지 않도록 저어주세요.

당근케이크

난이도 ★★

쿠킹 소요 시간 : 40분

휴지 & 오븐 소요 시간 : 1시간 40분

당근이 듬뿍 들어갔지만 당근 맛은 나지 않는 마법 같은 디저트예요.
당근을 싫어하는 아이들도 맛있게 먹을 수 있답니다.

재료

2호 사각 틀 1개 분량

케이크
- 달걀 ··· 2개
- 황설탕 ··· 125g
- 박력분 ··· 120g
- 아몬드 가루 ··· 30g
- 베이킹파우더 ··· 4g
- 베이킹소다 ··· 1g
- 카놀라유 ··· 105g
- 당근 ··· 140g
- 호두 분태 ··· 30g
- 시나몬 파우더 ··· 3g
- 소금 ··· 한 꼬집

치즈크림
- 크림치즈 ··· 160g
- 슈가 파우더 ··· 40g
- 생크림 ··· 100g

장식용
- 로즈마리

도구

푸드 프로세서
프라이팬
거품기
유리 볼
체
실리콘 주걱
2호사각 틀
테프론시트
(혹은 종이 유산지)
핸드 믹서
사각 무스 링 도마
칼
스패튤러

준비

1. 틀에 테프론시트(혹은 종이 유산지)를 깔아 준비해주세요.
2. 오븐을 170℃로 예열해주세요.

★ 케이크

1. 당근을 푸드 프로세서에 갈아 준비해둡니다.

2. 호두는 끓는 물에 3분 정도 끓이고 깨끗하게 씻어 프라이팬에 볶아 준비해주세요.

3. 달걀, 설탕, 소금을 볼에 넣고 거품기로 30초 정도 가볍게 거품을 내주세요.

4. 오일을 넣어 섞어주세요.

5. 박력분, 아몬드 가루, 베이킹파우더, 시나몬 파우더를 체에 내려 넣어주세요.

6. 실리콘 주걱을 이용해 가루가 보이지 않을 때까지 섞어주세요.

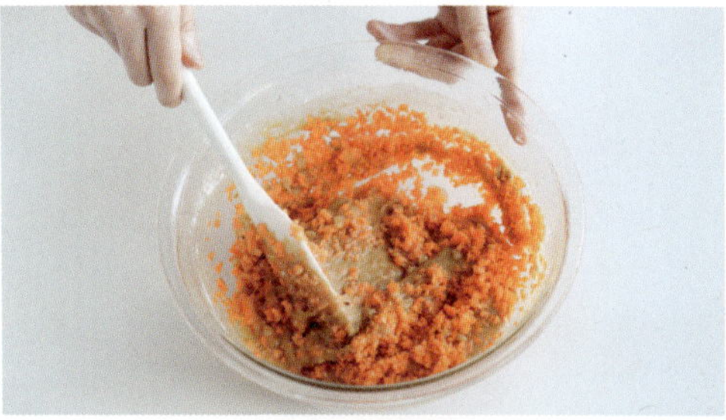

7. 당근, 호두를 넣어 가볍게 섞어주세요.

8. 반죽을 틀에 넣고 바닥에 탕탕 쳐서 기포를 제거한 뒤 170℃ 오븐에 40분 구워주세요.

9. 다 구워진 케이크는 바로 틀에서 빼 식힘 망에서 식혀두세요.

★ 치즈크림

10. 크림치즈를 부드럽게 풀어준 뒤 슈가 파우더를 넣고 섞어두세요.

11. 생크림을 핸드 믹서로 80% 휘핑해주세요.

12. 10.에 휘핑한 생크림을 넣어 주걱으로 가볍게 섞어두세요.

13. 사각 무스 링의 크기에 맞게 케이크를 잘라 틀에 넣어주세요.

14. 만들어둔 치즈크림을 얹고 윗면을 다듬은 뒤 냉장고에 1시간 넣어주세요.

15. 치즈가 굳으면 틀을 제거한 뒤 4등분하고 로즈마리로 장식해주세요.

Tip

1. 없다면 채칼로 작업해주세요.
9. 이쑤시개로 케이크 중앙을 찔러보아 반죽이 묻어나오지 않으면 다 익은 거예요.

단호박 치즈케이크

난이도 ★★★

쿠킹 소요 시간 : 35분

휴지 & 오븐 소요 시간 : 5시간

단호박의 선명한 노란색이 너무나 귀여운 케이크예요.
중탕으로 구워 식감이 굉장히 촉촉하고 부드럽답니다.

2호 사각 틀 분량

재료

크림치즈 ············ 200g
설탕 ······················· 90g
단호박 페이스트 130g
달걀 ························ 1개
생크림 ················· 180g
옥수수 전분 ········· 20g

장식용

타임
휘핑크림

도구

유리 볼
거품기
체
실리콘 주걱
2호 사각 틀
테프론시트
(혹은 종이 유산지)
오븐
오븐 전용 온도계
비닐 짤주머니
103번 모양 깍지

준비

1. 단호박은 충분히 삶은 뒤 부드럽게 으깨주세요.
2. 크림치즈와 달걀은 실온에 두었다 사용해주세요.
3. 사각 틀에 테프론시트(없다면 종이 유산지)를 미리 깔아두세요.
4. 오븐은 170℃로 예열해주세요.
5. 휘핑크림을 담을 짤주머니를 만들어두세요.

1. 크림치즈를 주걱으로 부드럽게 풀어주세요.

2. 설탕을 넣고 마요네즈처럼 매끈하게 풀어주세요.

3. 단호박 페이스트를 넣고 주걱으로 섞어주세요.

4. 달걀을 두 번에 나누어 넣어가며 섞어주세요.

5. 생크림을 넣고 섞어주세요.

6. 옥수수 전분을 체에 내려 넣은 뒤 거품기를 수직으로 세워 천천히 섞어주세요.

7. 준비한 틀에 반죽을 부어주세요.

8. 뜨거운 물이 담긴 오븐 팬에 올려 170℃ 오븐에서 53~55분 구운 뒤 그대로 냉장고에 넣어 식혀주세요.

9. 휘핑크림과 단호박으로 장식해주세요.

9. 케이크 밑에 쿠키 시트를 깔아도 좋아요. 부순 크래커 100g과 부드러운 무염버터 60g을 섞은 뒤 틀에 넣어 꾹꾹 눌러 시트를 만들고 잠시 냉장고에 넣어주세요. 치즈 반죽이 완성되면 쿠키 시트 위에 반죽을 넣어 구우면 된답니다. 짤주머니를 활용하면 예쁘게 장식할 수 있어요.

레몬 파운드케이크

난이도 ★★★

쿠킹 소요 시간 : 40분

휴지 & 오븐 소요 시간 : 22분

레몬즙으로 글레이즈를 만들어 아주 새콤해요.
새콤 상큼한 맛이 땡길 때 아주 딱이랍니다.

높은 머핀 6개 분량

재료

레몬파운드케이크

레몬 1개 분량의 레몬제스트

무염버터 ············ 150g

설탕 ···················· 130g

달걀 ···················· 150g

박력분 ················ 150g

레몬즙 ·················· 20g

레몬글레이즈

슈가 파우더 ······· 120g

레몬즙 ················· 18g

장식용

레몬슬라이스, 타임

분량 외

무염버터

밀가루 적당량(머핀 틀 준비용)

도구

유리 볼

제스터

레몬스퀴저

핸드 믹서

체

거품기

실리콘 주걱

높은 머핀 틀 6구

테프론시트

오븐

오븐 전용 온도계

과일 세정제

준비

1. 레몬은 1차로 소금으로 세척, 2차로 과일 세정제 세척, 3차로 끓는 물에 데쳐서 준비해주세요.
2. 무염버터와 달걀은 실온에 두었다 사용해주세요.
3. 오븐은 170℃로 예열해주세요.

1. 레몬의 노란 부분을 제스터에 갈아 레몬제스트를 만든 후 레몬을 반으로 잘라 레몬즙을 착즙해두세요.

2. 설탕에 레몬제스트를 섞은 뒤 향이 배도록 30분 정도 방치합니다.

3. 무염버터를 부드럽게 풀어주세요.

4. 레몬 설탕을 3.에 넣고 풍성한 크림이 될 때까지 중속으로 휘핑해주세요.

5. 달걀을 조금씩 넣으면서 중속으로 휘핑해주세요.

6. 박력분을 넣고 주걱으로 섞어 가루가 반 정도 섞이면 레몬즙을 넣고 반죽이 매끄러워질 때까지 섞어두세요.

7. 머핀 틀에 무염버터를 바르고 분량 외의 밀가루를 뿌려 준비해주세요.

8. 반죽을 80%를 채우고 170℃ 오븐에 넣어 20~22분 구워주세요.

9. 식힘 망에 뒤집어 식혀두세요.

10. 슈가 파우더와 레몬즙을 섞어주세요. 농도를 봐가면서 레몬즙을 가감합니다.

11. 10. 레몬 글레이즈를 케이크 위에 올려주세요.

12. 슬라이스한 레몬과 타임으로 장식해주세요.

빅토리아케이크

난이도 ★★★★

쿠킹 소요 시간 : 40분

휴지 & 오븐 소요 시간 : 30분

빅토리아 여왕이 홍차와 함께 즐겨 먹었다고 해서 이름 붙여진 케이크예요.
다즐링 홍차나 밀크티와 정말 잘 어울린답니다.
기존의 반죽법과 다르게 머랭을 이용해 만들기 때문에 분리될 걱정이 없고 식감도 좀 더 가벼워요.

1호 원형 케이크 1개 분량

재료

케이크시트

- 무염버터 ············ 150g
- 슈가 파우더 ········ 45g
- 박력분 ················ 150g
- 베이킹파우더 ········· 5g
- 달걀노른자 ·········· 50g
- 달걀흰자 ············ 100g
- 설탕 ····················· 80g
- 바닐라 익스트랙 ·· 1tsp

장식용 크림

- 생크림 ················ 150g
- 설탕 ····················· 15g
- 라즈베리잼 ········ 100g

도구

- 유리 볼
- 핸드 믹서
- 체
- 실리콘 주걱
- 1호 원형 케이크 틀
- 종이 유산지
- 오븐
- 오븐 전용 온도계
- 식힘 망
- 짤주머니

준비

1. 흰자를 넣은 볼은 깨끗하게 준비해주세요.
2. 무염버터는 실온에 두었다가 부드러워지면 사용해주세요.
3. 베이킹파우더와 박력분은 체에 내려 준비해주세요.
4. 1호 원형 틀 2개에 원형 유산지를 깔아 준비해주세요.
5. 오븐을 170℃로 예열해주세요.

1. 무염버터를 부드럽게 풀어준 뒤 슈가 파우더와 바닐라 익스트랙을 넣고 섞어주세요.

2. 노른자를 넣고 섞어두세요.

3. 흰자에 설탕을 세 번에 나누어 넣어가며 핸드 믹서 중단계로 머랭을 올려주세요.

4. 2.에 3.의 1/3을 넣어 섞어주세요.

5. 체에 내린 가루류의 1/2을 넣고 80% 정도 섞이면 남은 머랭의 1/2을 넣어 섞어주세요.

6. 남은 가루를 넣고 80% 혼합한 뒤 남은 머랭 3.을 모두 넣어 매끄럽게 섞어주세요.

7. 두 개의 원형 틀에 각각 1/2씩 반죽을 넣고 윗면을 평평하게 다듬은 뒤 170℃ 오븐에 28~30분 구워주세요.

8. 다 구워진 케이크는 틀에서 뺀 뒤 식힘 망에 올려 식혀주세요.

9. 케이크 시트 하나의 윗면을 잘라 평평하게 준비합니다.

10. 생크림을 단단하게 올린 뒤 짤주머니에 넣어주세요.

11. 케이크 9.에 생크림, 라즈베리잼 순서로 올려주세요.

12. 나머지 시트를 올린 뒤 슈가 파우더를 뿌려 마무리 해주세요.

Tip

3. 거품기 자국이 뚜렷하게 보이고 머랭의 뿔이 살짝 휘는 정도까지 올려주세요.

블루베리 다쿠아즈 케이크

난이도 ★★★★

쿠킹 소요 시간 : 50분

휴지 & 오븐 소요 시간 : 12분

가볍고 폭신한 다쿠아즈에 달콤한 무염버터 크림과 제가 좋아하는 블루베리를 올렸어요.

너무 귀엽지 않나요?

재료

8개 분량

다쿠아즈

달걀흰자 ············ 100g
설탕 ······················ 40g
아몬드 가루 ········· 80g
슈가 파우더 ········· 50g
박력분 ······················ 9g

버터크림

달걀노른자 ··········· 40g
설탕 ······················ 30g
바닐라 익스트랙 1/2tsp
우유 ······················ 40g
무염버터 ············ 120g

블루베리잼 ··········· 35g
보라색 식용 색소 조금

장식용

타임

도구

유리 볼
핸드 믹서
체
분당체
실리콘 주걱
다쿠아즈 틀
테프론시트
오븐
오븐 전용 온도계
식힘 망
냄비
스크래퍼
온도계

준비

1. 달걀흰자는 냉장고에 넣어 차갑게 준비해주세요.
2. 오븐은 180℃로 예열해주세요.
3. 무염버터는 실온에서 물렁해질 때까지 두었다 사용해주세요.
4. 우유를 끓기 직전까지 데워주세요.

★ 다쿠아즈

1. 달걀흰자에 설탕을 세 번에 나눠 넣어가면서 핸드 믹서의 중단계로 휘핑해주세요.

2. 뿔이 뾰족해질 때까지 휘핑해주세요.

3. 아몬드 가루, 슈가 파우더, 박력분을 체에 내려 넣어주세요.

4. 거품이 꺼지지 않도록 주의하며 주걱으로 가루류가 보이지 않을 때까지만 섞어주세요.

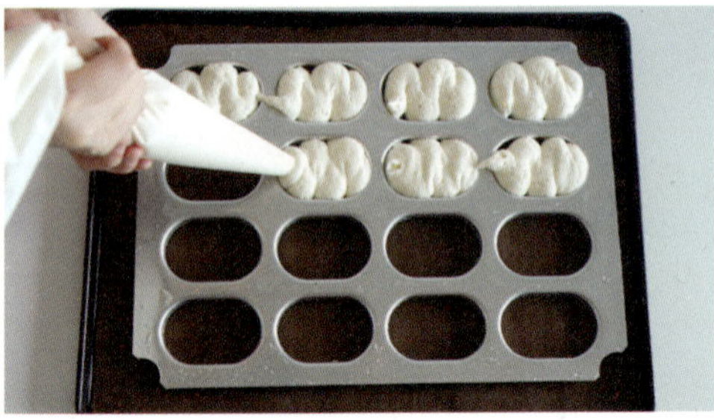

5. 반죽을 짤주머니에 담아 다쿠아즈 틀에 넉넉히 짜주세요.

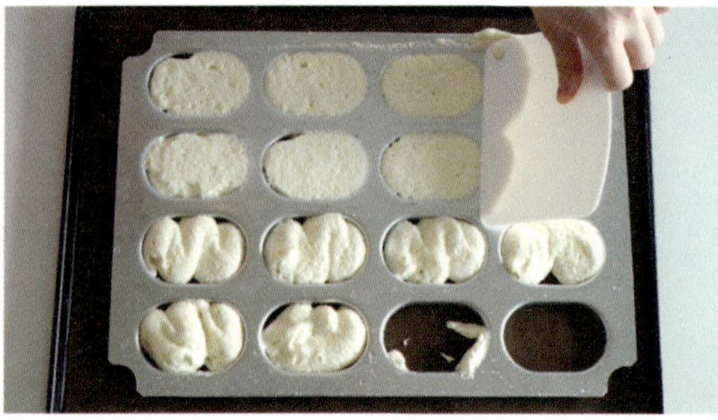

6. 스크래퍼로 윗면을 평평하게 한 뒤 틀을 제거해주세요.

7. 슈가 파우더를 두 번에 나누어 뿌려주세요.

8. 180℃ 오븐에 넣어 10~12분 굽고 식힘 망에서 충분히 식힌 뒤 떼어주세요.

★ 버터크림

9. 달걀노른자, 바닐라 익스트랙, 설탕을 볼에 넣고 거품기로 섞어주세요.

10. 데운 우유를 넣고 섞은 뒤 다시 냄비에 넣어 약불에서 82℃까지 끓여주세요.

11. 바로 유리 볼에 옮겨 충분히 식혀주세요.

12. 무염버터를 조금씩 넣어가면서 풍성한 크림이 될 때까지 핸드 믹서로 휘핑해주세요.

13. 블루베리잼과 보라색 식용 색소를 넣고 섞어주세요.

14. 다쿠아즈에 크림을 샌드하고 블루베리와 타임으로 장식해주세요.

Tip

1. 무염버터 크림은 색이 연해질 정도로 충분히 휘핑해주셔야 해요.

커스터드 오레오 케이크

난이도 ★★★

쿠킹 소요 시간 : 40분

휴지 & 오븐 소요 시간 : 1시간

케이크 시트를 따로 구울 필요 없이 오레오 쿠키를 이용해 만들기 때문에 간단하게 만들 수 있어요.
커스터드 크림의 함량이 높아서 굉장히 꾸덕하고 풍부한 맛이 난답니다.

재료

320ml 유리컵 3개 분량

- 우유 ········ 375g
- 달걀노른자 ········ 3개
- 설탕 ········ 50g
- 옥수수 전분 ········ 34g
- 무염버터 ········ 11g
- 바닐라 익스트랙 ·· 1tsp
- 생크림 ········ 300g
- 오레오 쿠키 ········ 140g

도구

- 냄비
- 유리 볼
- 핸드 믹서
- 체
- 거품기
- 실리콘 주걱
- 320ml 유리컵
- 랩
- 스크래퍼
- 짤주머니
- 트레이

준비

1. 우유를 따뜻하게 데워서 준비해주세요.
2. 무염버터는 실온에 두었다가 부드러워지면 사용해주세요.

1. 노른자에 설탕을 넣어 섞고 체친 옥수수 전분을 넣은 뒤 가루가 보이지 않을 때까지 혼합한 후, 데운 우유를 넣으면서 거품기로 저어주세요.

2. 냄비에 옮겨 담아 중불에서 점도가 생기고 큰 기포가 올라올 때까지 쉬지 않고 저어주세요.

3. 불에서 내려 무염버터와 바닐라 익스트랙을 넣고 섞어주세요.

4. 트레이에 담고 크림의 표면에 랩을 밀착시킨 뒤 냉장고에 넣어 충분히 식혀주세요.

5. 식은 커스터드 크림(4.)을 체에 내려주세요.

6. 핸드 믹서로 커스터드 크림을 부드럽게 풀어주세요.

7. 생크림을 두 번에 나누어 넣고 핸드 믹서(저속)로 고르게 섞어주세요.

8. 핸드 믹서를 고속으로 바꿔 크림이 될 때까지 휘핑해주세요.

9. 오레오는 반으로 갈라 크림과 쿠키를 분리해주세요.

10. 유리컵에 쿠키와 짤주머니에 넣은 크림을 번갈아 가면서 넣어주세요.

1. 우유는 끓기 직전까지 가열한 후 사용해주세요.

티라미수
(with 말차 시럽, 커피 시럽)

난이도 ★★★

쿠킹 소요 시간 : 40분

휴지 & 오븐 소요 시간 : 1시간

일반 티라미수보다 훨씬 부드럽고 크리미한 티라미수예요.
앙글레즈 크림을 베이스로 만들어서 좀 더 농후하고 진한 맛을 느낄 수 있답니다.

재료

사각 유리그릇 2개 분량

티라미수

마스카포네 치즈 250g
생크림 ················ 200g
달걀노른자 ·········· 40g
설탕 ······················ 60g
우유 ····················· 100g
레이디핑거 쿠키 ··10개

커피 시럽

물 ························· 100g
설탕 ······················ 15g
인스턴트커피 ·········· 3g

말차 시럽

물 ························· 100g
설탕 ······················ 15g
말차 가루 ················ 3g

장식용

말차 가루
코코아 파우더

도구

냄비
유리 볼
거품기
체
실리콘 주걱
도마
핸드 믹서
분당체
온도계
가스레인지

준비

1. 우유는 냄비에 넣고 따뜻하게 데워주세요.
2. 생크림은 사용하기 전까지 냉장고에서 차갑게 보관해주세요.

1. 달걀노른자에 설탕을 넣고 거품기로 아이보리색이 될 때까지 섞어주세요.

2. 데운 우유를 조금씩 넣으면서 거품기로 섞어주세요.

3. 냄비에 옮겨 담아 주걱으로 저어가며 중약불에서 85℃가 될 때까지 익혀주세요.

4. 이렇게 선명하게 선이 생기면 크림을 유리 볼에 옮긴 뒤 식혀주세요.

5. 마스카포네 치즈를 주걱으로 부드럽게 푼 뒤 식은 4.에 두 번에 나누어서 섞어두세요.

6. 핸드믹서로 생크림을 90% 정도 단단하게 올려주세요.

7. 5.에 생크림을 넣어 거품기로 살살 섞어두세요.

★ 시럽 만들기

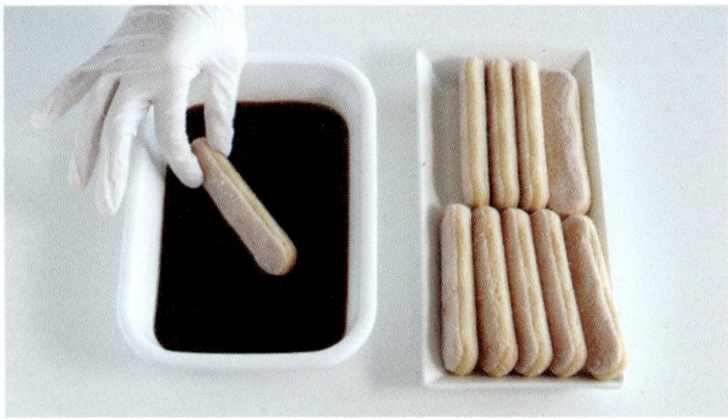

8. 레시피 분량대로 말차와 커피 2가지 시럽을 만들고 레이디핑거를 가볍게 적셔주세요.

9. 적신 레이디핑거를 사각 유리 그릇에 넣어주세요.

10. 그릇에 7. 반죽을 넣어주세요.

11. 그릇을 가볍게 탕탕 쳐서 윗면을 평평하게 한 뒤 냉장고에 1시간 넣어주세요.

12. 먹기 전에 코코아 파우더 혹은 말차 가루를 뿌려서 드세요.

Tip

레이디핑거 쿠키는 베이킹 쇼핑몰에서 판매해요.

11. 티라미수를 실온에 두면 흐를 정도로 묽어요. 냉장고에 넣어두었다가 먹기 전에 꺼내서 코코아 파우더를 뿌리고 드세요!

말차 테린느

난이도 ★★

쿠킹 소요 시간 : 35분

휴지 & 오븐 소요 시간 : 9시간 10분

가루 재료가 거의 들어가지 않은 테린느는 식감이 아주 부드러워요.
달콤한 화이트초콜릿과 진한 말차가 아주 잘 어울리는 디저트랍니다.

재료

파운드 틀 (소) 1개 분량

화이트커버춰 초콜릿	200g
말차 가루	16g
무염버터	80g
설탕	35g
달걀	3개
생크림	100g
박력분	10g

준비

1. 달걀과 무염버터는 실온에 두었다 사용해주세요.
2. 박력분과 말차 가루는 각각 체에 내려 준비해주세요.
3. 오븐을 150℃로 예열해주세요.

도구

유리 볼
거품기
체
실리콘 주걱
파운드 틀(소)
종이 유산지
(종이 호일)
오븐
오븐 전용 온도계
내열컵
온도계

1. 파운드 틀의 크기에 맞게 종이 유산지를 재단해 깔아두세요.

2. 초콜릿이 담긴 볼을 뜨거운 물 위에 올려 중탕으로 녹여주세요.

3. 체에 내린 말차 가루를 넣고 주걱으로 섞어주세요.

4. 38~40℃의 녹인 무염버터를 넣고 섞어두세요.

5. 달걀과 설탕을 내열컵에 넣고 중탕으로 40℃까지 온도를 높여주세요.

6. 달걀을 네 번에 나누어 넣어가며 거품기로 천천히 섞어주세요. 처음에는 분리되는 것 같아도 계속 젓다 보면 잘 섞여요.

7. 생크림을 넣고 거품기로 천천히 섞어준 후에 체에 내린 박력분을 넣고 고르게 섞어주세요.

8. 완성된 반죽을 체에 내려주세요.

9. 파운드 틀에 반죽을 넣고 뜨거운 물이 담긴 오븐 팬에 올려 150℃ 오븐에서 50분 구워주세요.

10. 다 굽고 난 뒤 바로 꺼내지 않고 20분 뒤에 꺼내 냉장고에서 8시간 동안 충분히 굳혀주세요.

Tip

1. 모든 과정에서 최대한 거품이 나지 않도록 천천히 섞어주세요.
2. 화이트초콜릿은 최종 온도가 45℃를 넘지 않도록 주의해주세요.

다크초코 테린느

난이도 ★★

쿠킹 소요 시간 : 35분

휴지 & 오븐 소요 시간 : 9시간 10분

다크초콜릿의 씁쓸하면서도 달콤한 맛이 매력적인 디저트예요.
다크초콜릿 분량의 반을 밀크초콜릿으로 바꿔 만들면 훨씬 부드럽게 즐길 수 있어요.

파운드 틀 (소) 1개 분량

재료

다크커버춰 초콜릿 ········ 200g
무염버터 ········ 80g
생크림 ········ 100g
달걀 ········ 3개
설탕 ········ 10g
박력분 ········ 8g

도구

유리 볼
거품기
체
실리콘 주걱
파운드 틀(소)
종이 유산지
(종이 호일)
오븐
오븐 전용 온도계
칼
온도계

준비

1. 달걀과 무염버터는 실온에 두었다 사용해주세요.
2. 박력분은 체에 내려 준비해주세요.
3. 오븐을 150℃로 예열해주세요.

1. 파운드 틀의 크기에 맞게 종이 유산지를 재단해 깔아두세요.

2. 초콜릿과 무염버터를 넣은 볼을 뜨거운 물 위에 올려 중탕으로 녹여두세요.

3. 달걀과 설탕을 내열컵에 넣고 중탕으로 40℃까지 온도를 높여주세요.

4. 달걀을 네 번에 나누어 넣어가며 거품기로 천천히 섞어주세요.

5. 생크림을 넣고 천천히 섞어주세요.

6. 체에 내린 박력분을 넣고 고르게 섞어주세요.

7. 완성된 반죽을 체에 내려주세요.

8. 파운드 틀에 반죽을 넣고 뜨거운 물이 담긴 오븐 팬에 올려 150℃ 오븐에서 50분 구워주세요.

9. 다 구워진 후 20분 뒤에 오븐에서 꺼내 냉장고에서 8시간 동안 굳혀주세요.

10. 유산지를 제거하고 원하는 크기로 잘라주세요.

Tip

1. 모든 과정에서 최대한 거품이 나지 않게 천천히 섞어주세요.
2. 초콜릿을 녹일 때 최종 온도가 45~50℃를 넘지 않도록 주의해주세요.
4. 처음에는 분리되는 것 같아도 계속 젓다 보면 잘 섞여요.

ddulgi

쿠키

'작은 케이크'라는 의미를 가지고 있어요. 밀가루, 설탕, 기름을 기본 재료로 해서 맛있게 구워봐요!

ddulgi

활용 용어, 알고 가기로 해요!

계량스푼 계량법
30p

전자저울 사용법
30p

휘핑하기
32p

중탕해주세요
35p

오븐을 예열해주세요
30p

휴지시켜주세요
36p

팬닝해주세요
32p

체에 내려주세요
36p

자르듯이 섞어주세요
33p

모르는 용어는 〈세상 진지한 초보 용어집〉을 확인해요.
전부 알겠으면 레시피 페이지로 고! 고!

프레첼 머랭쿠키

난이도 ★

쿠킹 소요 시간 : 25분

휴지 & 오븐 소요 시간 : 1시간 10분

스위스 머랭을 이용해서 만든 머랭쿠키는 프렌치 머랭보다 기포가 곱고 매끄러워요~.
여기에 짭짤한 프레첼을 올려서 구우면 단짠단짠의 정석인 프렌치 머랭쿠키가 완성된답니다!

50개 분량

재료

달걀흰자 ··············· 80g
설탕 ······················ 160g
레몬즙 ···················· 1tsp
프레첼 쿠키

도구

유리 볼
거품기
온도계
핸드 믹서
실리콘 주걱
테프론시트
오븐
오븐 전용 온도계

준비

1. 짤주머니에 직경 1cm 원형 깍지를 껴주세요.
2. 오븐을 80℃로 예열해주세요.

1. 깨끗한 볼에 달걀흰자, 설탕, 레몬즙을 넣고 거품기로 잘 섞어주세요.

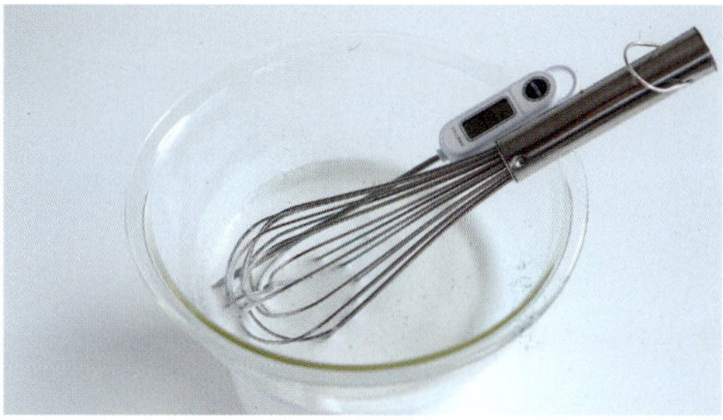

2. 뜨거운 물이 담긴 냄비 위에 올려 거품기로 저어가며 온도가 60~62℃가 될 때까지 중탕해주세요.

3. 중탕 볼에서 내려 휘핑기로 끝이 살짝 휘고 단단해질 때까지 거품을 내주세요.

4. 짤주머니에 넣고 테프론시트를 깐 오븐 팬에 일정한 간격으로 짜주세요.

5. 프레첼을 머랭 위에 올린 뒤 80℃ 오븐에 80~90분 구워주세요.

Tip

머랭쿠키가 터지는 이유

1. 설탕이 덜 녹은 상태에서 머랭을 녹였을 때
2. 오븐의 온도가 높았을 때

설탕과 달걀흰자의 양이 1:2 비율로 들어가는 게 너무 달아서 부담스럽다면 1:1.5 비율로 만들어 보세요. 1:2 비율은 오독오독 씹히는 식감을 느낄 수 있고 1:1.5 비율은 좀 더 사르르 녹는 느낌으로 즐길 수 있답니다.

아몬드 비스코티

난이도 ★

쿠킹 소요 시간 : 20분

휴지 & 오븐 소요 시간 : 50분

단단한 식감의 쿠키로 오도독 오도독 씹는 맛이 있는 쿠키예요.
기본 반죽에 견과류나 초코칩 등을 취향에 따라 추가하면 더 풍부한 맛으로 즐길 수 있답니다.

재료

10개 분량

식물성 오일 ········· 15g
달걀 ························ 1개
설탕 ······················· 50g
바닐라 익스트랙 ·· 1tsp
박력분 ···················· 95g
아몬드 가루 ·········· 30g
베이킹파우더 ·········· 1g

도구

유리 볼
체
거품기
실리콘 주걱
테프론시트
오븐
오븐 전용 온도계

준비

1. 오븐을 160℃로 예열해주세요.

1. 볼에 달걀과 설탕을 넣고 거품기로 섞어주세요.

2. 오일과 바닐라 익스트랙을 넣고 거품기로 가볍게 섞어주세요.

3. 박력분, 아몬드 가루, 베이킹파우더를 체에 내려 넣어주세요.

4. 주걱으로 가루가 보이지 않을 때까지 섞어주세요.

5. 성형이 쉽도록 랩을 씌워 냉장고에 30분 넣어주세요.

6. 높이 1~1.5cm 너비 16cm로 모양을 잡은 뒤 170℃ 오븐에 20분 구워주세요.

7. 구워진 쿠키는 충분히 식혀주고 식칼을 이용해 일정한 간격으로 잘라주세요.

8. 오븐 팬에 올려 160℃ 오븐에 20분 구워주세요.

Tip

2. 오일은 포도씨유 혹은 카놀라유를 사용해주세요. 올리브유 같은 향이 강한 오일은 맛에 영향을 준답니다.
6. 손에 물을 묻혀 가면서 모양을 잡으면 반죽이 달라붙지 않아요.

바치디다마 쿠키

난이도 ★★

쿠킹 소요 시간 : 30분

휴지 & 오븐 소요 시간 : 1시간 15분

바치디다마 쿠키는 모양이 꼭 두 개의 입술을 닮았다 해서 '여인의 키스'라고 이름 붙여진 이탈리아 쿠키예요.
고소하고 달콤해 커피 메뉴와 함께 즐기기 너무 좋은 디저트랍니다.

재료

20개 분량

무염버터 ··············· 60g
슈가 파우더 ········· 40g
박력분 ····················· 65g
아몬드 ····················· 65g
다크초콜릿 ··········· 20g

도구

유리 볼
체
실리콘 주걱
테프론시트
오븐
오븐 전용온도계
온도계

준비

1. 무염버터는 실온에서 두었다가 부드러워지면 사용해주세요.
2. 슈가 파우더가 덩어리져 있다면 체에 내려 사용해주세요.
3. 오븐을 170℃로 예열해주세요.

1. 무염버터를 부드럽게 풀어주세요.

2. 슈가 파우더를 넣고 섞어주세요.

3. 박력분과 아몬드 가루를 체에 내려 넣은 뒤 주걱으로 섞어주세요.

4. 손을 이용해 한 덩어리로 만들어주세요.

5. 랩을 씌워 냉장고에서 1시간 휴지시켜주세요.

6. 6g씩 소분해서 동그란 모양으로 만들어 오븐 팬에 팬닝해주세요.

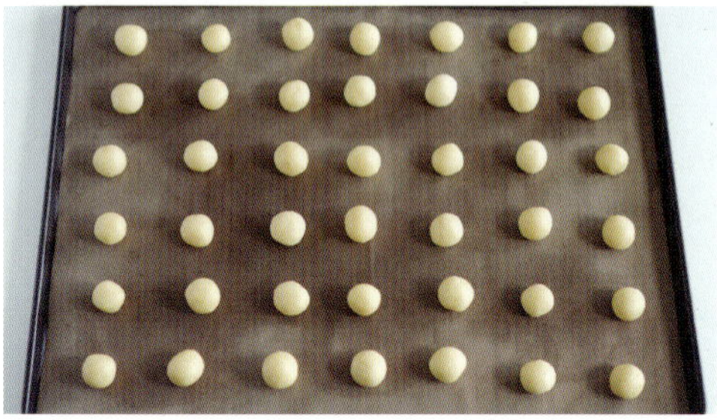

7. 170℃ 오븐에 15분 구운 뒤 충분히 식혀 준비해주세요.

8. 중탕으로 초콜릿을 녹인 뒤 온도가 28℃가 될 때까지 식혀주세요.

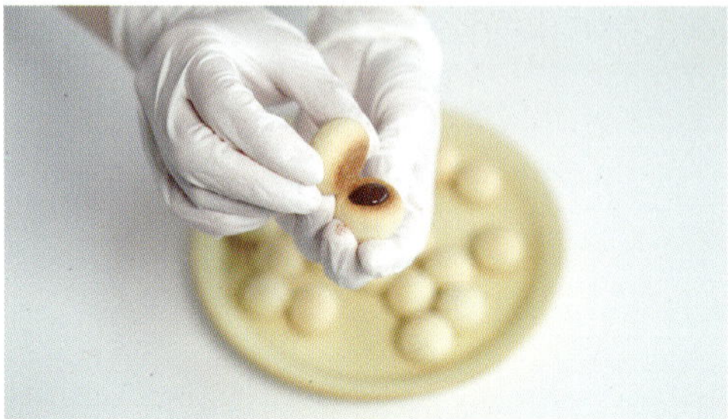

9. 쿠키에 초콜릿을 조금 올리고 다른 쿠키로 살짝 눌러 샌드해주세요.

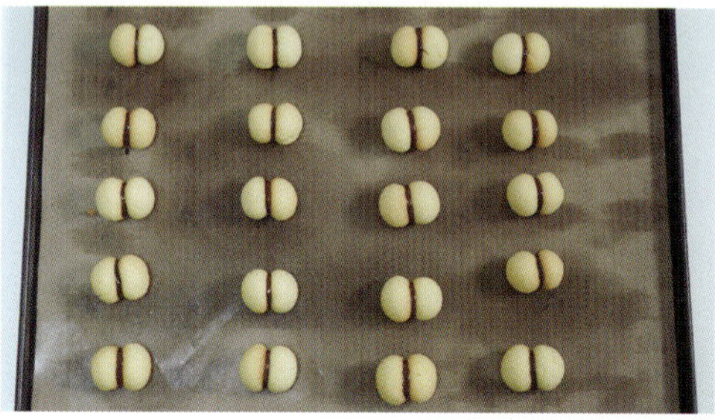

10. 옆으로 뉘여서 초콜릿을 굳혀주세요.

브라우니 쿠키

난이도 ★★

쿠킹 소요 시간 : 20~25분

휴지 & 오븐 소요 시간 : 10분

구울 때 온 집 안에 진하고 달콤한 초콜릿 향이 퍼져서 만들 때마다 기분이 좋아지는 쿠키예요.
다 구운 뒤 쿠키 위에 소금을 한 꼬집 뿌리면 단짠단짠 맛있답니다.

재료

8개 분량

달걀 ······ 50g
황설탕 ······ 65g
다크초콜릿 ······ 120g
버터 ······ 40g
중력분 ······ 45g
베이킹소다 ······ 2g

도구

유리 볼
체
거품기
실리콘 주걱
냄비
핸드 믹서
아이스크림 스쿱
테프론시트
오븐
오븐 전용 온도계

준비

1. 달걀과 무염버터는 실온에 두었다 사용해주세요.
2. 중력분, 베이킹소다, 베이킹파우더는 체에 내려 준비해주세요.
3. 오븐을 170℃로 예열해주세요.

1. 초콜릿을 중탕해 녹여주세요.

2. 달걀, 설탕, 소금을 볼에 넣고 핸드 믹서(고속)로 1분~1분 30초 정도 뽀얗게 거품을 내주세요.

3. 녹인 다크초콜릿을 넣고 거품기를 수직으로 세워 윤기가 날 때까지 천천히 저어주세요.

4. 체에 내린 가루를 넣고 거품기로 광택이 날 때까지 천천히 섞어주세요.

5. 냉장고에 넣은 후 반죽의 온도가 23~25℃가 되면 스쿱으로(지름 4cm) 떠서 쿠키 팬에 일정한 간격을 두고 팬닝합니다.

6. 170℃ 오븐에 10분 구운 뒤 식힘 망에서 충분히 식혀주세요.

스모어 쿠키

난이도 ★★

쿠킹 소요 시간 : 25분

휴지 & 오븐 소요 시간 : 1시간 10분

쿠키와 브라우니의 중간 단계 정도의 부드럽고 촉촉한 식감의 쿠키예요.
마시멜로가 들어가 쭈욱 늘려 먹는 재미가 있답니다.

재료

6개 분량

무염버터	80g	중력분	30g
머스코바도 설탕	40g	코코아 파우더	20g
백설탕	40g	베이킹소다	2g
달걀	35g	초코칩	20g
소금	1g	호두 분태	30g
박력분	100g	록키마운틴 마시멜로우	

도구

유리 볼
핸드 믹서
체
실리콘 주걱
테프론시트
오븐
오븐 전용 온도계

준비

1. 달걀과 무염버터는 실온에 두었다 사용해주세요.
2. 박력분, 중력분, 베이킹소다, 코코아 파우더를 체에 내려주세요.
3. 호두는 끓는 물에 끓인 뒤 프라이팬에 볶아 준비해주세요.
4. 굽기 전에 오븐을 180℃로 예열해주세요.

1. 무염버터에 설탕, 소금을 넣고 핸드 믹서로 저속으로 1분간 섞어주세요.

2. 달걀을 조금씩 넣어가면서 핸드 믹서로 섞어주세요.

3. 달걀이 모두 섞이면 체에 내린 가루류를 넣고 주걱을 세워 자르듯이 섞어주세요.

4. 80% 정도 섞였을 때 호두와 초코칩을 넣어 마저 섞어주세요.

5. 냉장고에서 1시간 휴지시켜주세요.

6. 균일한 크기를 위해 반죽을 58g씩 분할해주세요.

7. 반죽을 손으로 눌러 얇게 편 뒤 마시멜로를 넣고 꼼꼼히 감싸주세요.

8. 팬에 반죽을 팬닝하고 살짝 누른 뒤 180℃ 오븐에 10분 구워주세요.

9. 오븐에서 꺼내 팬에서 그대로 식혀주세요.

Tip

머스코바도 설탕이 없다면 황설탕으로 대체할 수 있어요.

1. 스모어 쿠키를 너무 오래 구우면 쿠키 속 마시멜로가 모두 녹아서 없어지기 때문에 중간중간 오븐 안을 확인해서 마시멜로가 크게 부풀어오르면 꺼내주셔야 해요.

8. 오븐마다 사양이 다르기 쿠키의 마시멜로가 크게 부풀어 오르면 꺼내주세요.

9. 따뜻할 때는 부서지기 쉽기 때문에 꼭 충분히 식힌 뒤 꺼내주세요.

피넛버터 쿠키

난이도 ★★

쿠킹 소요 시간 : 20분

휴지 & 오븐 소요 시간 : 1시간 12분

땅콩버터가 듬뿍 들어가 고소하면서도 굉장히 부드러워요.

재료

8개 분량

무염버터	55g	중력분	130g
백설탕	40g	베이킹소다	1/4tsp
황설탕	50g	베이킹파우더	1/4tsp
땅콩버터	100g	소금	1/4tsp
작은 달걀	1개		
바닐라 익스트랙	1/2tsp		

도구

유리 볼
핸드 믹서
체
실리콘 주걱
포크
테프론시트
오븐
오븐 전용 온도계

준비

1. 무염버터, 달걀, 땅콩버터는 실온에 두었다가 사용해주세요.
2. 오븐은 180℃로 예열해주세요.

1. 무염버터에 황설탕, 소금, 백설탕을 넣고 핸드 믹서 저속으로 부드럽게 풀어주세요.

2. 실온의 달걀을 조금씩 넣어가면서 분리되지 않게 핸드 믹서로 섞어주세요.

3. 달걀이 모두 섞이면 땅콩버터를 넣고 섞어주세요.

4. 바닐라 익스트랙을 넣어 가볍게 섞어주세요.

5. 중력분, 베이킹소다, 베이킹파우더를 체에 내려 넣고 주걱을 세워 11자로 섞어주세요.

6. 가루가 보이지 않으면 냉장고에 넣어 1시간 동안 휴지시켜주세요.

7. 지름 4cm 아이스크림 스쿱을 이용해 쿠키 팬에 팬닝해주세요.

8. 포크로 눌러 납작하게 모양을 내고 180℃ 오븐에 12분 구워주세요.

마들렌

밀가루, 버터, 달걀, 우유 등으로 만드는 **프랑스의 티 쿠키**예요. 한 입에 쏙 들어오는 마들렌과 커피의 환상 조합!

활용 용어, 알고 가기로 해요!

계량스푼 계량법
30p

전자저울 사용법
30p

오븐을 예열해주세요
30p

휴지시켜주세요
36p

체에 내려주세요
36p

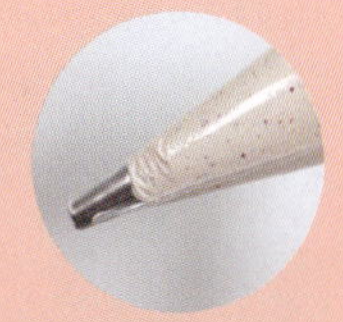

짤주머니에 넣어주세요
35p

모르는 용어는 〈세상 진지한 초보 용어집〉을 확인해요.
전부 알겠으면 레시피 페이지로 고! 고!

치즈 마들렌

난이도 ★★

쿠킹 소요 시간 : 20~25분

휴지 & 오븐 소요 시간 : 1시간 14분

체다치즈 가루가 듬뿍 들어간 매력적인 마들렌이에요.
단짠단짠한 맛을 위해 소금은 꼭 잊지 말고 넣어주세요.

8개 분량

재료

마들렌

달걀 ······················ 57g
무염버터 ·············· 57g
설탕 ······················ 57g
소금 ················· 1/8tsp
치즈 가루 ············ 12g
박력분 ··················· 53g
베이킹파우더 ·········· 2g

분량 외

녹인 무염버터··· 적당량
강력분 ············· 적당량

도구

온도계
유리 볼
거품기
체
실리콘 주걱
둥근 조가비 틀
오븐
오븐 전용 온도계
실리콘 붓
분당체

준비

1. 달걀은 실온에 두었다 사용해주세요.
2. 가루류를 체에 쳐서 준비해주세요.
3. 무염버터는 55~60℃가 될 때까지 녹여주세요.
4. 180℃로 오븐을 예열해주세요.

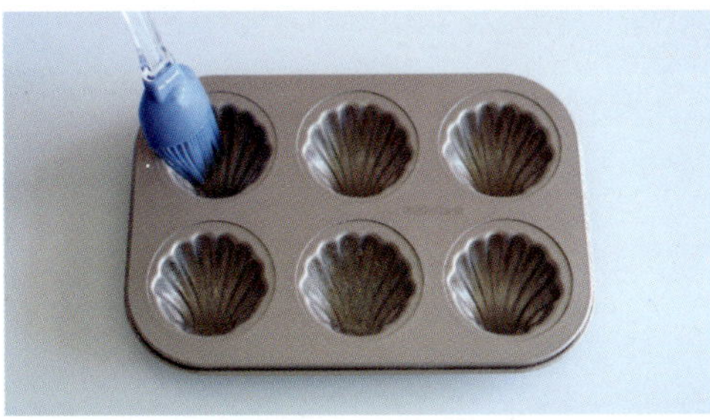

1. 틀에 분량 외의 녹인 무염버터를 실리콘 붓을 이용해 얇게 바르고 냉장고에 넣어 잠시 굳혀주세요.

2. 분량 외의 강력분을 분당체에 넣어 뿌리고 털어낸 뒤 냉장고에 넣어둡니다.

3. 달걀과 설탕, 소금을 거품기로 섞어주세요.

4. 박력분, 베이킹파우더, 치즈 가루를 넣고 섞어주세요.

5. 녹인 무염버터를 조금씩 나누어 넣으면서 매끄럽게 섞어주세요.

6. 랩을 씌워 냉장고에서 1시간 휴지시킨 뒤 주걱으로 부드럽게 풀어주세요.

7. 둥근 조가비 틀에 70% 정도 반죽을 채운 뒤 180℃ 오븐에서 7분, 160℃로 온도를 내려 6~7분 구워주세요.

8. 다 구워진 마들렌은 틀 위에 뒤집어서 식혀주세요.

오렌지 마들렌

난이도 ★★

쿠킹 소요 시간 : 30분

휴지 & 오븐 소요 시간 : 1시간 10분

직접 착즙한 오렌지즙과 제스트를 넣어 만든 글레이즈를 듬뿍 발라 만들었어요.
상큼한 오렌지 향을 듬뿍 느낄 수 있는 디저트예요.

12개 분량

재료

마들렌

달걀 ······ 59g
무염버터 ······ 59g
설탕 ······ 50g
꿀 ······ 9g
박력분 ······ 59g
오렌지 제스트 ······ 4g
베이킹파우더 ······ 2.5g

오렌지 글레이즈

슈가 파우더 ······ 50g
오렌지즙 ······ 9g
오렌지 제스트 ······ 4g

분량 외

녹인 무염버터 적당량
강력분

도구

온도계
유리 볼
거품기
제스터
실리콘 주걱
마들렌 틀
오븐
오븐 전용 온도계
실리콘 붓
분당체
비닐 랩
짤주머니
과일 세정제
식힘 망

준비

1. 오렌지는 과일 세정제로 세척하고 뜨거운 물에 굴려 왁스를 제거한 뒤 사용해주세요.
2. 달걀은 실온에 두었다 사용해주세요.
3. 무염버터는 55~60℃가 될 때까지 녹여주세요.
4. 180℃로 오븐을 예열해주세요.

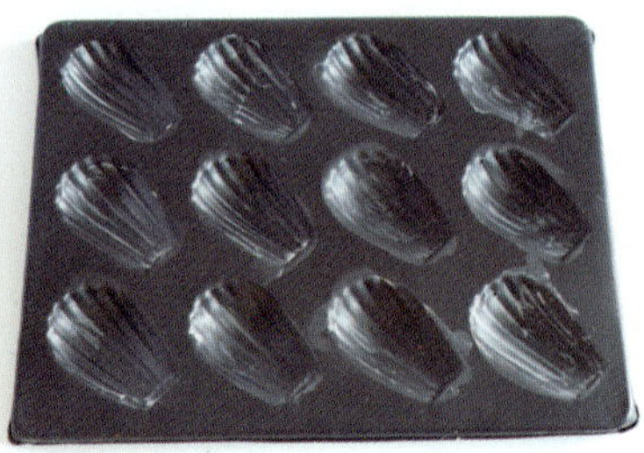

1. 틀에 분량 외의 녹인 버터를 실리콘 붓을 이용해 얇게 바르고 냉장고에 넣어 잠시 굳혀주세요.

2. 분량 외의 강력분을 살짝 뿌리고 탕탕 쳐서 털어낸 뒤 냉장고에 넣어둡니다.

3. 설탕과 오렌지 제스트를 섞어 향이 배도록 30분 정도 방치합니다.

4. 달걀에 꿀과 3.을 넣고 거품기로 섞어주세요.

5. 박력분과 베이킹파우더를 체에 내려 넣고 매끄럽게 섞어주세요.

6. 녹인 무염버터를 세 번에 나누어 넣어가면서 섞어주세요.

7. 랩을 씌워 냉장고에서 1시간 휴지시켜주세요.

8. 반죽을 짤주머니에 넣어 준비한 틀에 80% 팬닝하고 180℃ 오븐에 넣어 10분 구워주세요.

9. 오렌지 글레이즈 재료를 모두 섞어주세요.

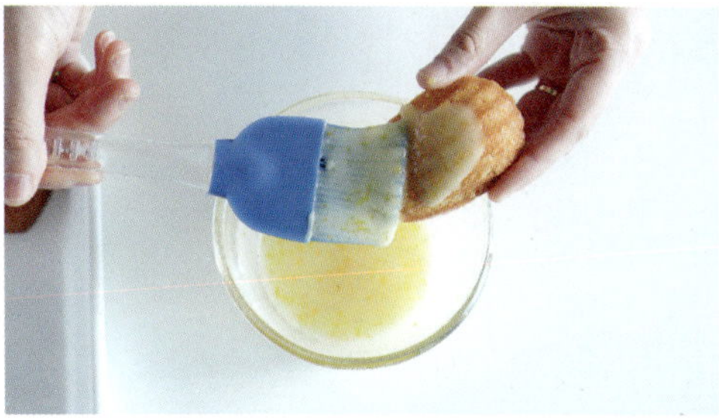

10. 실리콘 붓을 이용해 마들렌 표면에 바른 뒤 식힘 망에 올려 굳혀주세요.

Tip

3. 제스터나 강판에 오렌지 껍질의 겉 부분만 갈아 오렌지 제스트를 만들어주시면 신선하게 즐길 수 있어요. (흰 부분은 쓴맛이 나니 들어가지 않도록 주의합니다.)

흑임자 마들렌

난이도 ★★

쿠킹 소요 시간 : 25분

휴지 & 오븐 소요 시간 : 1시간 10분

흑임자 페이스트가 들어간 마들렌에 고소한 맛이 배가되도록 콩가루를 입혔어요.
취향에 따라 콩가루에 설탕을 넣어주어도 좋아요.

재료

12개 분량

달걀 ······ 59g
무염버터 ······ 59g
설탕 ······ 50g
연유 ······ 10g
박력분 ······ 56g
베이킹파우더 ······ 2g
흑임자 페이스트 ·· 12g
콩가루 ······ 적당량

분량 외

녹인 무염버터
강력분

도구

온도계
유리 볼
체
거품기
실리콘 주걱
마들렌 틀
오븐
오븐 전용 온도계
실리콘 붓
분당체

준비

1. 달걀은 실온에 두었다 사용해주세요.
2. 무염버터는 55~60℃가 될 때까지 녹여주세요.
3. 오븐을 180℃로 예열해주세요.

1. 틀에 분량 외의 녹인 무염버터를 실리콘 붓을 이용해 얇게 바르고 냉장고에 넣어 잠시 굳혀주세요.

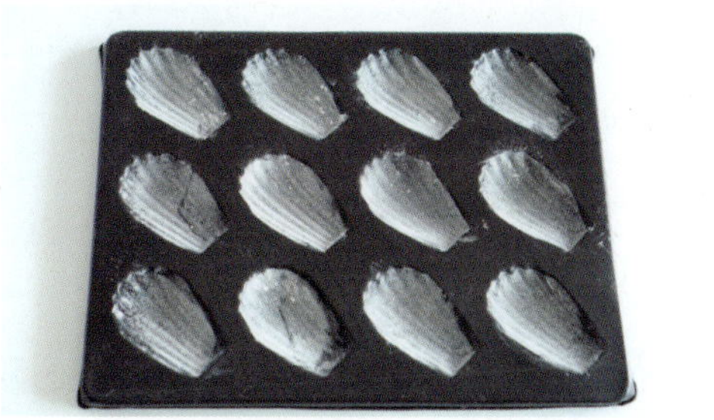

2. 분량 외의 강력분을 살짝 뿌리고 탕탕 쳐서 털어낸 뒤 냉장고에 넣어둡니다.

3. 달걀, 흑임자 페이스트, 설탕, 연유를 거품기로 가볍게 섞어주세요.

4. 박력분, 베이킹파우더를 체에 내려 넣고 섞어주세요.

5. 녹인 무염버터를 조금씩 나누어 넣어가며 거품기로 섞고 랩을 씌워 냉장고에서 1시간 휴지시켜주세요.

6. 휴지가 끝난 반죽을 주걱으로 부드럽게 풀어주세요.

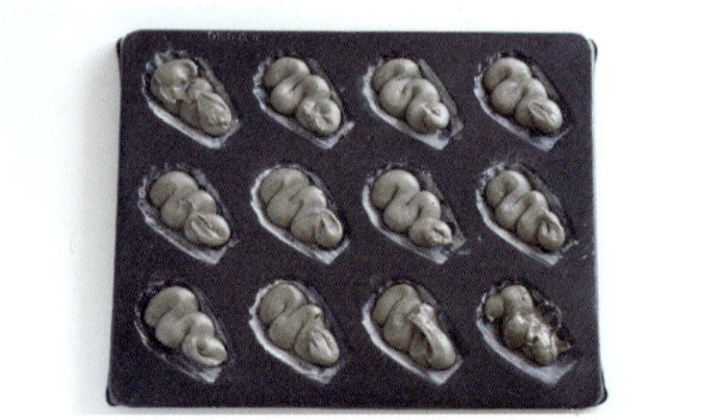

7. 반죽을 짤주머니에 넣고 준비한 틀에 80% 정도 짜주세요.

8. 180℃ 오븐에 넣어 10분 구워주세요.

9. 다 구워진 마들렌은 틀 위에 뒤집어서 살짝 식힌 뒤 콩가루를 듬뿍 묻혀주세요.

쑥 마들렌

난이도 ★★

쿠킹 소요 시간 : 20~25분

휴지 & 오븐 소요 시간 : 1시간 14분

쑥 가루가 마들렌의 단맛을 살짝 죽여줘서 생각보다 달게 느껴지지 않아요.
그래서 몇 개씩은 가볍게 먹을 수 있답니다.

재료

8개 분량

마들렌

- 달걀 ······ 59g
- 설탕 ······ 50g
- 꿀 ······ 9g
- 박력분 ······ 54g
- 쑥가루 ······ 7g
- 베이킹파우더 ······ 2g
- 무염버터 ······ 59g

분량 외

- 녹인 무염버터··· 적당량
- 강력분 ······ 적당량

준비

1. 달걀은 실온에 두었다 사용해주세요.
2. 가루류를 체에 쳐서 준비해주세요.
3. 무염버터는 55~60℃가 될 때까지 녹여주세요.
4. 180℃로 오븐을 예열해주세요.

도구

온도계
유리 볼
체
거품기
실리콘 주걱
둥근 조가비 틀
오븐
오븐 전용 온도계
실리콘 붓
분당체

1. 틀에 분량 외의 녹인 무염버터를 실리콘 붓을 이용해 얇게 바르고 냉장고에 넣어 잠시 굳혀주세요.

2. 분량 외의 강력분을 분당체로 살짝 뿌리고 탕탕 쳐서 털어낸 뒤 냉장고에 넣어둡니다.

3. 달걀, 설탕, 꿀을 거품기로 섞어주세요.

4. 박력분, 베이킹파우더, 쑥 가루를 넣고 섞어주세요.

5. 녹인 무염버터를 조금씩 나누어 넣어가면서 섞어주세요.

6. 랩을 씌워 냉장고에서 1시간 휴지시킨 뒤 주걱으로 부드럽게 풀어주세요.

7. 둥근 조가비 틀에 70% 정도 반죽을 채운 뒤 180℃ 오븐에서 7분, 160℃로 온도를 내려 6~7분 구워주세요.

8. 다 구워진 마들렌은 틀 위에 뒤집어서 식혀주세요.

저탄수 베이킹

디저트를 정말 좋아하지만 칼로리가 걱정되신다구요?
그렇다면 탄수화물은 확 빼고 달콤함은 살린 **저탄수 베이킹**을 추천해요!

활용 용어, 알고 가기로 해요!

계량스푼 계량법
30p

전자저울 사용법
30p

체에 내려주세요
36p

오븐을 예열해주세요
30p

중탕해주세요
35p

틀에 유산지를
재단해주세요
31p

생크림을 올려주세요
32p

휴지시켜주세요
36p

모르는 용어는 〈**세상 진지한 초보 용어집**〉을 확인해요.

전부 알겠으면 레시피 페이지로 고! 고!

저탄수 에그타르트

쓱쓱 재료를 주걱으로 섞고 틀에 넣어 굽기만 하면 완성되는 디저트예요.

재료

높은 머핀 틀 6구 분량

머핀 틀

아몬드 가루 ········ 150g
에리스리톨
위드 스테비아 ······ 18g
소금 ························ 조금
달걀 ························ 50g
무염버터 ················ 45g

에그필링

달걀노른자 ············ 5개
우유 ························ 75g
생크림 ···················· 200g
에리스리톨
위드 스테비아 ······ 55g
바닐라 익스트랙 ····· 7g

도구

유리 볼
거품기
실리콘 주걱
높은 머핀 틀 6구
오븐
오븐 전용 온도계

준비

1. 오븐은 170℃로 예열해주세요.
2. 무염버터는 녹여서 준비해주세요.

1. 아몬드 가루, 에리스리톨 위드 스테비아 18g, 소금을 체에 내려주세요.

2. 달걀과 녹인 무염버터를 넣고 한 덩어리로 만들어주세요.

3. 반죽을 6등분한 뒤 머핀 틀에 넣어 모양을 잡고 냉장고에 넣어두세요.

4. 노른자에 에리스리톨 위드 스테비아를 넣고 거품기로 섞어주세요.

5. 우유와 생크림 바닐라 익스트랙을 넣고 섞어주세요.

6. 3.의 머핀 틀에 5.을 넣고 170℃ 25분 굽고 온도를 바꿔 160℃에 10~15분 구워주세요.

7. 오븐에서 꺼내 충분히 식힌 뒤 식힘 망을 머핀 틀 위에 올려주세요.

8. 머핀 틀과 식힘 망을 잡고 뒤집어주세요.

9. 머핀 틀을 수직으로 들어 올린 뒤 에그타르트를 뒤집어주세요.

저탄수 브라우니

난이도 ★

쿠킹 소요 시간 : 15분

휴지 & 오븐 소요 시간 : 15분

카카오 매스로 만들어 씁쓸한 맛과 강한 카카오의 향을 느낄 수 있어요.

재료

1호 사각 틀 1개 분량

달걀 ··················· 1.5개
아몬드 가루 ········· 45g
카카오 파우더 ········ 8g
베이킹파우더 ··· 1/2tsp
카카오 매스 ········· 60g
무염버터 ··············· 90g
에리스리톨
위드 스테비아 ······ 45g
소금 ················· 한 꼬집

도구

높은 머핀 틀
유리 볼
거품기
실리콘 주걱
오븐
오븐 전용 온도계
체

준비

1. 중탕할 볼은 물기가 없도록 깨끗하게 닦아서 준비해주세요.
2. 달걀과 무염버터는 실온에 꺼내둔 뒤 사용해주세요.
3. 1호 사각 틀의 크기에 맞게 유산지를 깔아 준비해주세요.
4 오븐을 160℃로 예열해주세요.

1. 달걀에 에리스리톨 위드 스테비아를 넣어 섞어두세요.

2. 카카오 매스와 무염버터를 볼에 넣어 중탕으로 녹인 뒤 39℃까지 온도를 낮춰주세요.

3. 2.에 1.을 조금씩 넣어가면서 실리콘 주걱으로 고르게 섞어주세요.

4. 카카오 파우더, 베이킹파우더, 아몬드 가루를 체에 내려 넣어주세요.

5. 거품기를 수직으로 세워 천천히 저어주세요.

6. 준비한 틀에 5.을 넣고 160℃ 오븐에 14~15분 구워주세요.

Tip

3. 달걀과 초콜릿의 온도가 비슷해야 분리가 일어나지 않아요.
6. 다 구운 뒤 식으면 밀폐 용기에 넣어 냉장고에서 숙성시켜 드세요. 좀 더 부드럽게 즐길 수 있어요.

저탄수 치즈케이크

난이도 ★★

쿠킹 소요 시간 : 25~30분

휴지 & 오븐 소요 시간 : 4시간

기존 레어치즈케이크보다 좀 더 가벼운 맛이에요.

재료

1호 무스 틀 분량

바닥 시트

- 아몬드 가루 ········· 60g
- 코코넛 파우더 ······ 30g
- 에리스리톨 위드 스테비아 ······ 15g
- 녹인 무염버터 ······ 40g

치즈케이크 반죽

- 크림치즈 ························· 200g
- 에리스리톨 위드 스테비아 40g
- 물기를 제거한 요거트 ······ 80g
- 바닐라 익스트랙 ·········· 1/2tsp
- 레몬즙 ······························ 1tsp
- 판 젤라틴 ······················ 2장 반
- 생크림 ····························· 120g

도구

- 유리 볼
- 거품기
- 실리콘 주걱
- 스패튤러
- 1호 무스 틀

준비

1. 크림치즈는 사용하기 전에 실온에 두어 부드러워지면 사용해주세요.
2. 체에 면보를 올리고 요거트를 부어 물기를 살짝 제거한 뒤 사용해주세요.
3. 판 젤라틴을 차가운 물에 넣어 불려주세요.

1. 아몬드 가루, 코코넛 파우더, 에리스리톨 위드 스테비아 15g, 녹인 무염버터를 넣고 섞어주세요.

2. 틀에 넣고 꾹꾹 누른 뒤 냉장고에 넣어 굳혀두세요.

3. 크림치즈를 부드럽게 풀어주세요.

4. 에리스리톨 위드 스테비아 40g을 넣고 마요네즈처럼 부드럽게 크림화해주세요.

5. 물기를 제거한 요거트, 바닐라 익스트랙, 레몬즙을 넣고 거품기로 천천히 섞어주세요.

6. 젤라틴을 중탕으로 녹여 5.에 넣고 섞어두세요.

7. 생크림을 70% 정도 핸드 믹서로 휘핑해주세요.

8. 6.에 생크림을 넣고 거품기로 가볍게 섞어주세요.

9. 2.에 반죽을 부어 냉장고에서 4시간 굳혀주세요.

ddulgi

ddulgi

뚤기네

방구석
홈카페

방구석 홈카페

커피

카페의 대표 메뉴 커피예요. 달콤한 케이크와 어울리는 진한 커피, 우유를 베이스로 한 커피 등 다양한 맛이 매력이랍니다.

ddulgi

활용 용어, 알고 가기로 해요!

에스프레소 추출하기
38p

얼음 얼리기
37p

풍성한 우유 거품 만들기
39p

생크림 or 휘핑크림 올리기 37p

모르는 용어는 〈세상 진지한 초보 용어집〉을 확인해요.
전부 알겠으면 레시피 페이지로 고! 고!

달고나커피

달고나는 들어가지 않지만 마치 달고나맛이 난다고 해서 이름 붙여진 커피예요.
시원하면서도 부드러운 맛이 일품입니다.

재료

인스턴트커피 ····· 1큰술
설탕 ················ 1.5큰술
따뜻한 물 ·········· 1큰술
우유 ················ 200ml
얼음 ················ 80g

도구

핸드 믹서

1. 유리컵에 따뜻한 물, 인스턴트커피, 설탕을 넣어주세요.

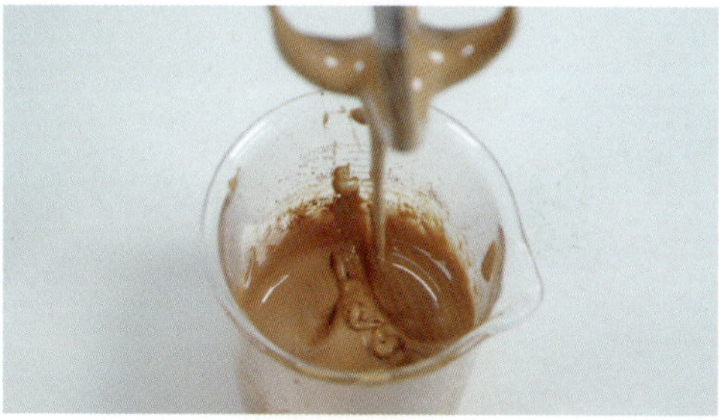

2. 부피가 커지고 캐러멜색이 나올 때까지 핸드 믹서로 거품 내주세요.

3. 얼음을 담은 컵에 우유를 부은 후 1.을 올려주세요.

로투스라떼

요즘 인스타에서 핫한 로투스라떼에요.

로투스와 커피의 조합은 정말 최고예요.

재료

로투스 잼 ············ 40g
우유 ···················· 150ml
에스프레소 ········ 40ml
얼음 ···················· 100g

장식용

우유 거품
로투스 ···················· 1개

도구

에스프레소 추출기
우유 거품기

1. 로투스 잼에 에스프레소를 넣어주세요.

2. 티스푼으로 저어가며 덩어리가 없도록 부드럽게 풀어준 후 컵에 넣어주세요.

3. 얼음을 가득 채우고 우유를 부어주세요.

4. 우유 거품을 넣고 로투스 과자를 올려주세요.

Tip

로투스 잼의 정식명칭은 '로투스 비스코프 스프레드'예요. 대형마트의 잼 코너에 가면 찾아볼 수 있답니다. 피넛버터와 같은 질감인데 맛은 우리가 아는 로투스 쿠키 맛이 나요.

2. 로투스 잼이 퍽퍽하다면 전자레인지에 10~15초 살짝 돌려서 사용해주세요.

휘핑크림에 고소한 흑임자 페이스트를 넣어 커피와 함께 즐기는 흑임자라떼!
차갑게 먹어도, 따뜻하게 먹어도 너무나 맛있어요.

재료

흑임자 페이스트 ····· 8g
휘핑크림 ················ 60g
설탕 ························ 10g
우유 ····················· 150ml
에스프레소 ········· 20ml

도구

에스프레소 추출기
핸드 믹서

1. 휘핑크림, 설탕, 흑임자 페이스트를 유리컵에 넣어주세요.
2. 핸드 믹서 혹은 우유 거품기로 40~50초 정도 휘핑해주세요.
3. 컵에 우유를 부어주세요.
4. 우유 위에 흑임자 크림을 올려주세요.
5. 에스프레소를 천천히 부어주세요.

Tip

흑임자 페이스트가 없으시다면 흑임자 아이스크림을 사용해서 만들어보세요.
만드는 방법도 훨씬 간단해요.
컵에 우유와 얼음 에스프레소를 넣고 그 위에 살짝 녹인 흑임자 아이스크림을 조심스럽게 올리기만 하면 완성이에요.

2. 거품기를 들어 올렸을 때 크림이 딸려오면서 주르륵 흐르고 떨어진 자국이 바로 사라지는 상태예요.
5. 커피를 따로 추출한 뒤 넣는 것보다 음료에 직접 추출하면 모양이 예쁘게 나와요.

유자 아메리카노

향긋하고 달콤한 유자청과 아메리카노의 만남!
묘하게 어울리는 둘의 매력에 빠져보세요!

재료

유자청 ······················ 70g
따뜻한 물 ·········· 1큰술
에스프레소 ·········· 40ml
물 ····························· 150g
얼음 ························· 가득

도구

에스프레소 추출기

1. 컵에 유자청과 따뜻한 물을 넣고 저어가며 녹여주세요.
2. 얼음을 컵에 가득 채워주세요.
3. 분량의 물과 에스프레소를 넣어주세요.

Tip

유자청은 따뜻한 물에 꼭 녹여서 넣어주세요. 차가운 아메리카노에 유자청을 그냥 넣게 되면 유자청이 잘 녹지 않고 덩어리지게 돼요! 그러면 유자 아메리카노 본연의 맛을 느낄 수 없답니다.

더티커피

더러울수록(?) 예쁜 커피예요.
컵 밖으로 크림이 쏟아져 내리는 모습이 포인트랍니다.

재료

더티커피

휘핑크림 ····· 80~100g
설탕 ······························ 8g
커피 ························ 40ml
따뜻한 우유 ······ 270ml

장식용

코코아 파우더 적당량

도구

에스프레소 추출기
핸드 믹서

1. 휘핑크림과 설탕을 넣고 우유 거품기로 거품을 올려주세요.
2. 컵에 에스프레소와 따뜻한 우유를 넣어주세요.
3. 1.을 컵에 가득 넣어주세요.
4. 코코아 파우더를 듬뿍 뿌려주세요.
5. 나머지 휘핑크림을 넘치도록 부어주세요.

Tip

1. 거품기에 딸려 올라오지만 바로 떨어지고 자국이 남지 않는 정도예요.

바나나 큐브라떼

처음엔 부드럽고 달콤한 바나나맛이, 그 뒤로 큐브가 녹으면서 진한 커피의 향이 녹아 나오는 레시피입니다.
한 번 시도해보세요. 바나나우유와 커피는 생각보다 찰떡궁합이랍니다.

재료

에스프레소 ········· 40ml
물 ························· 40ml
바나나우유 ······· 160ml

도구

얼음 틀
에스프레소 추출기

1. 에스프레소와 물을 섞어서 얼음 틀에 넣고 단단히 얼려주세요.
2. 1.을 컵에 가득 담아주세요.
3. 바나나우유를 부어주세요.

Tip

다른 종류의 우유로도 시도해보세요~. 달콤한 우유와 에스프레소 큐브가 정말 잘 어울린답니다.

우유가 들어갈 때 볼 수 있는 환상적인 마블링이 돋보이는 메뉴예요.
바닐라 시럽이 듬뿍 들어가 달콤 고소하답니다. 얼음이 작아야 오밀조밀하고 이쁜 마블링을 볼 수 있어요.!

재료

얼음 ······················ 50g
에스프레소 ········· 40ml
우유 ······················ 50ml
바닐라 시럽 ········· 25g
작은 크기의 얼음 가득

도구

얼음 틀
에스프레소 추출기

1. 얼음 170g을 블렌더에 넣고 5초 정도 갈아주세요.
2. 컵에 얼음 50g과 방금 추출한 에스프레소를 넣고 섞어주세요.
3. 준비된 컵에 작은 크기의 얼음(1.)을 가득 담아주세요.
4. 2.을 부어주세요.
5. 우유를 컵에서 어느 정도 떨어진 높이에서 천천히 부어주세요.
6. 바닐라 시럽을 넣어주세요.

Tip

뜨거운 에스프레소를 얼음에 부으면 얼음이 금방 녹아버리기 때문에 우유를 넣었을 때 선명하고 예쁜 마블을 보기 어려워요. 그래서 에스프레소에 얼음을 넣어 커피를 완전히 차갑게 식힌 다음에 넣어야 한답니다.
만약 이미 에스프레소가 차갑다면 얼음이 아닌 물을 넣어서 만들어주세요.

죠리퐁 셰이크

우유와 말아먹던 죠리퐁, 그냥 먹어도 맛나지만 커피와도 아주 잘 어울려요.
여름에 시원하게 셰이크로 즐겨보시는 건 어떨까요?

재료

셰이크

우유 ······ 170ml

에스프레소 ······ 30ml

죠리퐁 ······ 22g

아이스크림 1.5스쿱(100g)

얼음 ······ 120g

장식용

죠리퐁 ······ 적당량

도구

블렌더

에스프레소 추출기

1. 블렌더에 얼음, 우유, 에스프레소, 아이스크림, 죠리퐁을 넣어주세요.
2. 1.을 곱게 갈아주세요.
3. 컵의 윗부분이 1.5cm 정도 남도록 부어주세요.
4. 셰이크 위에 죠리퐁을 가득 올려주세요.

Tip

집에 블렌더가 없다면 죠리퐁 라떼를 만들어보세요.
컵에 얼음을 가득 담고 우유와 에스프레소를 넣은 뒤 죠리퐁을 올리면 완성이랍니다. 취향에 따라 바닐라 시럽을 넣어 달콤하게 즐기는 것도 좋아요.

재료

에스프레소 ········· 30ml
따뜻한 우유 ········ 140g
우유 거품 ············ 가득

장식용

시나몬 파우더(선택)
코코아 파우더(선택)

도구

에스프레소 추출기
핸드 믹서
스패튤러

1. 컵에 에스프레소를 넣어주세요.
2. 풍성하게 올린 우유 거품을 컵에 가득 채워주세요.
3. 윗부분을 스패튤러로 평평하게 다듬어주세요.
4. 시나몬 파우더를 뿌려주세요.
5. 따뜻한 우유를 천천히 부어주세요.

Tip

시나몬 파우더나 코코아 파우더(선택)를 취향에 맞게 뿌려보세요.
다만 가루를 너무 많이 올리면 텁텁할 수 있으니 주의해주세요.

아인슈페너

아메리카노보다 조금 진한 커피에 달콤한 휘핑크림을 듬뿍 올린 메뉴랍니다.
섞지 않고 그대로 마시면 커피와 크림이 적절한 비율로 들어와
처음부터 끝까지 부드러운 크림의 식감과 맛을 즐길 수 있어요!

재료

휘핑크림 ·············· 60g
설탕 ························· 8g
에스프레소 ········ 30ml
얼음 ······················ 80g
물 ······················· 160ml

장식용

코코아 파우더 조금
초콜릿(선택)

도구

에스프레소 추출기
핸드 믹서

1. 휘핑크림과 설탕을 넣고 우유 거품기로 거품을 올려주세요.
2. 컵에 얼음, 물, 에스프레소를 순서대로 부어주세요.
3. 커피 위에 거품 낸 크림을 올려주세요.
4. 초콜릿이나 코코아 파우더를 올려 장식해주세요.

Tip

휘핑크림은 처음보다는 걸쭉하지만 거품기를 들어 올렸을 때 주룩 흐르고 자국이 바로 사라지는 정도로만 휘핑해주세요.

1. 거품기에 딸려 올라오지만 바로 떨어지고 자국이 남지 않는 정도예요.

아이스 플랫화이트

라떼보다 우유가 적게 들어가 에스프레소 맛이 강하게 나는 커피예요.
원래는 에스프레소에 벨벳 스팀 밀크를 넣어 마시는 따뜻한 음료인데
저는 시원한 아이스로 만들기 때문에 거품 내지 않은 우유를 사용했어요.

재료

에스프레소 ········· 40ml
우유 ···················· 130ml
얼음 ······················ 100g

도구

에스프레소 추출기

1. 에스프레소를 추출해주세요.
2. 컵에 얼음과 우유를 넣어주세요..
3. 1.을 천천히 부어주세요.

Tip

따뜻하게 드시고 싶다면 따뜻한 우유를 우유 거품기로 10~15초 정도 거품을 낸 뒤 에스프레소를 넣어 드셔보세요.

카페 쓰어다
(베트남 연유 커피)

연유가 듬뿍 들어가 단맛이 하늘을 관통하는 베트남 연유 커피, 카페 쓰어다입니다.
연유와 에스프레소가 거의 1:1로 들어가 마치 '더위사냥'을 녹인 듯한 맛에
자잘한 얼음들이 오독 오독 씹히는 게 재미있는 커피랍니다.

재료

에스프레소 ········· 50ml
연유 ························ 50g
물 ························· 50ml
작게 부순 얼음 ··· 가득

도구

에스프레소 추출기
블렌더

1. 에스프레소와 연유, 물을 잘 섞어주세요.
2. 얼음을 블렌더에 넣고 5초 정도 작게 갈아주세요.
3. 2.을 컵에 담아주세요.
4. 1.을 얼음이 담긴 컵에 부어주세요.

Tip

에스프레소가 따뜻할 때 섞어야 연유가 잘 녹아요. 만약 커피가 차갑다면 살짝 데워서 사용해주세요.

우유와 커피의 선명한 층이 매력적인 커피예요.
연유가 듬뿍 들어가서 달콤하답니다.

재료

연유 ······················ 60ml
우유 ······················ 180g
에스프레소 ·········· 40ml

도구

에스프레소 추출기

1. 에스프레소는 추출 후 살짝 식혀주세요.
2. 연유와 우유를 거품이 나지 않게 살살 섞어주세요.
3. 2.을 컵에 부어주세요.
4. 컵의 벽면에 숟가락을 대고 에스프레소를 조심스럽게 부어 선명한 커피 층을 만들어주세요.

Tip

너무 달다고 생각되시면 연유를 5~10ml 정도만 줄여주세요.
연유의 양을 많이 넣을수록 오레그랏세의 층이 선명하게 나와요!
선명한 층을 원하신다면 연유의 양을 줄이지 않는 걸 추천드려요.

에스프레소 토닉

한때 인스타에서 유행한 토닉 워터를 사용한 레시피입니다.
새콤 쌉쌀하면서도 시원한 맛이 특징인데요.
혹시 집에 칵테일을 만들고 남은 토닉워터가 있다면 바로 만들어보시는 건 어떨까요?

재료

토닉 워터 ········· 150ml
에스프레소 ··········· 25g
얼음 ······················ 50g
슬라이스 레몬

도구

에스프레소 추출기

1. 사용할 잔에 토닉 워터를 부어주세요.
2. 얼음을 넣고 장식용 슬라이스 레몬을 넣어주세요.
3. 에스프레소를 천천히 부어주세요.

바다라떼

아름다운 푸른색의 바다가 생각나는 라떼입니다.
커피 층이 생기면 마치 모래톱이 있는 해변이 연상된답니다.

재료

- 우유 ······················ 40g
- 블루큐라소 시럽 ·· 25g
- 우유 ···················· 160ml
- 에스프레소 ········· 40ml
- 얼음 ······················ 가득

도구

에스프레소 추출기

1. 우유와 블루큐라소 시럽을 섞어주세요.
2. 컵에 1.을 넣고 얼음을 가득 채워주세요.
3. 우유를 천천히 부어주세요.
4. 커피 층이 생기도록 에스프레소를 천천히 부어주세요.

베트남 에그 커피

쫀쫀하고 부드러운 달걀 거품을 풍성하게 올린 커피예요.
꼭 디저트를 먹는 느낌이랍니다.

재료

달걀노른자 ············ 2개
설탕 ······················ 2큰술
에스프레소 ········· 50ml
물 ························ 120ml
얼음 ························ 40g

장식용

코코아 파우더 ···적당량

도구

에스프레소 추출기
핸드 믹서

1. 달걀노른자에 설탕을 넣어주세요.
2. 부피가 커지고 색이 연해질 때까지 핸드 믹서로 거품을 내주세요.
3. 사용할 잔에 얼음, 물, 에스프레소를 순서대로 넣어주세요.
4. 2.을 커피 세트 위에 천천히 부어주세요.
5. 코코아 파우더를 조금 뿌려 마무리해주세요.

진한 커피의 향을 부드러운 식감의 거품과 함께 즐기고 싶다면,
샤케라또를 추천드립니다! 만든 직후에 최상의 거품을 느낄 수 있어요.
다만 거품이 서서히 꺼지기 때문에 바로 즐기시는 게 좋습니다.

재료

얼음 ······················ 가득
에스프레소 ········· 60ml
바닐라 시럽 ········· 15g
(설탕 10g으로 대체 가능)
잔에 담을 얼음 ···· 50g

도구

에스프레소 추출기
칵테일 셰이커

1. 칵테일 셰이커에 에스프레소, 바닐라 시럽을 넣고 얼음을 가득 채워주세요. 거품이 날 때까지 섞어주세요.

2. 사용할 잔에 얼음 50g을 넣어주세요.

3. 셰이커의 입구를 살짝 막아서 얼음을 제외한 액체만 부어주세요. 스트레이너를 대고 부어주면 좀 더 쉽게 따를 수 있어요.

Tip

칵테일 셰이커 : 주로 술을 혼합할 때 사용하는 도구예요. 샤케라또의 풍성한 거품을 만들기 위해 필요하답니다. 샤케라또를 만들기 위해 구입하는 게 부담스럽다면 집에 있는 플라스틱 물병을 사용하셔도 좋아요.

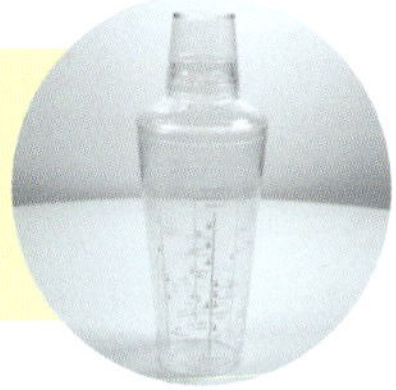

에이드

무더운 더위를 시원하게 날려줄 에이드 한 잔 어떠세요? **톡 쏘는 탄산과 신선한 과일**이 어우러졌어요.

활용 용어, 알고 가기로 해요!

얼음 얼리기
37p

딸기청
42p

백향과청
43p

사과청
42p

레몬청
43p

모르는 용어는 〈세상 진지한 초보 용어집〉을 확인해요.
전부 알겠으면 레시피 페이지로 고! 고!

캔디바가 생각나는 귀여운 하늘색 비주얼을 가진 청량한 음료예요.
여름철에 시원하게 즐기기 좋답니다.

재료

소다

블루큐라소 시럽 ·· 20g
탄산수 ··············· 100ml
얼음 ······················ 150g

장식용

바닐라 아이스크림 1스쿱
레드커런트

도구

아이스크림 스쿱
고블렛잔

1. 고블렛잔에 블루큐라소 시럽을 넣어주세요.

2. 얼음을 채운 뒤 1.5cm 정도 남도록 탄산수를 부어주세요.

3. 아이스크림을 올리고 레드커런트로 장식해주세요.

Tip

2. 꽉 채우면 아이스크림을 넣을 때 흘러넘쳐요.

백향과에이드

동남아의 향기를 그대로 담은 백향과에이드입니다.
과즙이 정말 에이드로 만들어지기 위해 태어난 것 같아요.

재료

에이드

얼음 ··························· 90g

백향과청 ······· 30~35g

탄산수 ················· 140g

장식용

로즈메리

라즈베리

도구

얼음 틀

1. 컵에 얼음을 채워주세요.
2. 백향과청을 넣고 탄산수를 부어주세요.
3. 로즈메리와 라즈베리를 올려서 장식해주세요.

Tip

껍질을 제거한 냉동 백향과 과육을 따로 판매한답니다.
과육과 설탕을 1:1로 섞기만 하면 되기 때문에 아주 간단하게 만들 수 있습니다.

딸기에이드

우유와도 잘 어울리는 딸기청, 에이드로도 아주 제격이랍니다.

재료

에이드

- 딸기청 ······ 30g
- 탄산수 ······ 150ml
- 얼음 ······ 가득
- 레드커런트 ······ 1tsp

장식용

로즈마리허브

1. 컵에 얼음을 넣고 딸기청을 부어주세요.
2. 레드커런트와 로즈마리를 넣어주세요.
3. 탄산수를 부어주세요.

사과에이드

사과청은 레몬청, 자몽청에 비해 좀 생소하실 수도 있는데요,
사과의 향이 생각보다 잘 우러나와서 처음 만들었을 때 정말 만족했어요.
상큼 달달한 사과를 에이드로 한 잔, 어떠신가요?

재료

에이드

사과청 ··················· 40g
탄산수 ··············· 200ml
얼음 ······················ 가득

장식용

레몬슬라이스
레몬 타임

1. 레몬은 깨끗하게 세척하고 칼로 얇게 슬라이스해주세요.
2. 컵에 얼음을 채워주세요.
3. 레몬슬라이스와 레몬타임을 넣어주세요.
4. 사과청을 넣고 탄산수를 천천히 부어주세요.

달콤 쌉싸름한 맛과 담홍색의 아름다운 자태가 예술적인 꿀자몽에이드입니다.

재료

자몽에이드

자몽즙 ··············· 180ml
(대략 자몽 2개)
꿀 ··························· 25g
얼음 ······················· 90g
탄산수 ···················· 90g

꿀자몽

껍질 제거한 자몽 반개
꿀 ··························· 20g

장식용

레몬 타임
자몽 슬라이스

1. 자몽 1개를 끓는 물에 넣어 굴려가며 2분 정도 끓여주세요.
2. 찬물에 담가 자몽이 완전히 식으면 껍질을 벗기고 반으로 잘라 준비해주세요.
3. 자몽 2개를 180ml만큼 착즙해주세요.
4. 분량의 자몽즙에 꿀을 넣어 섞어주세요.
5. 컵에 얼음을 넣고 슬라이스한 자몽을 컵의 벽면에 붙여주세요.
6. 1.과 탄산수를 넣고 2.을 올려주세요.
7. 자몽 위에 꿀과 레몬 타임을 올려주세요.

Tip

2. 속에 있는 하얀색 속껍질도 모두 제거해주세요.
3. 자몽 크기에 따라 나오는 자몽즙의 양이 달라요.
7. 자몽을 넣을 때 넘치지 않게 하기 위해서는 컵의 윗부분이 자몽이 들어갈 만큼 비워져 있어야 해요. 그리고 자몽을 넣을 때 팍! 들어가지 않도록 최대한 천천히 주의하며 넣어야 한답니다.

레몬에이드

에이드계의 간판, 레몬에이드입니다.
시원하고 상큼한 맛으로 많은 사랑을 받고 있지요.

재료

에이드

레몬청 ···················· 40g
얼음 ······················ 100g
탄산수 ················ 170ml
레몬청에 들어 있는
레몬슬라이스 ········ 5장

장식용

민트 허브

1. 컵에 레몬청에 들어 있는 레몬슬라이스를 넣어주세요.
2. 얼음을 컵에 가득 넣어주세요.
3. 민트를 올린 뒤 탄산수를 부어주세요.
4. 40g 분량의 레몬청을 넣어주세요.

오렌지에이드

상큼 달달한 오렌지로 만든 에이드예요.
오렌지 셔벗이 얹어져 머리가 띵해질 정도로 시원하답니다.

재료

오렌지 셔벗

- 오렌지즙 ············ 230g
- 설탕 ······················ 15g
- 물 ························· 50g

오렌지 에이드

- 오렌지즙 ············ 100g
- 설탕 시럽 ············ 30g
- 탄산수 ················· 90g
- 얼음 ···················· 가득

장식용

로즈메리

도구

냉장고
아이스크림 스쿱

오렌지 셔벗 만들기

1. 오렌지는 반으로 잘라 오렌지즙을 230g만큼 착즙해주세요.
2. 오렌지 셔벗에 들어가는 재료를 모두 섞은 뒤 밀폐 용기에 넣어 8시간 이상 꽝꽝 얼려주세요.
3. 냉동실에서 10분 정도 실온에 두었다가 아이스크림 스쿱으로 긁어 퍼주세요.

오렌지 에이드 만들기

4. 오렌지를 반으로 잘라 오렌지즙을 100g 착즙해주세요.
5. 컵에 오렌지즙 100g과 설탕 시럽을 넣고 섞어주세요.
6. 얼음을 넣고 얼음 사이에 로즈메리를 꽂아주세요.
7. 탄산수를 넣고 3. 오렌지 셔벗을 올려주세요.

Tip

오렌지즙은 깨끗한 병에 넣어 냉장고에서 2~3일 보관가능해요.

차

아포가토, 휘핑크림과도
정말 잘 어울리는 **차 음료**예요.
깊은 차 향을 다양하게 즐겨봐요!

활용 용어, 알고 가기로 해요!

얼음 얼리기
37p

풍성한 우유 거품 만들기
39p

에스프레소 추출하기
38p

모르는 용어는 〈세상 진지한 초보 용어집〉을 확인해요.

전부 알겠으면 레시피 페이지로 고! 고!

마치 보석처럼 아름다운 색감을 가진 히비스커스 시럽으로 소다를 만들어봤어요.
새콤한 맛과 고운 색으로 오감을 만족시켜주는 히비스커스 크림소다입니다.

재료

소다

히비스커스 시럽 ·· 30g
탄산수 ··············· 150ml
휘핑크림 ·············· 60g
설탕 ························· 6g
얼음 ······················ 가득

장식용

민트

도구

핸드 믹서

1. 휘핑크림에 설탕을 넣고 핸드 믹서로 50초 정도 휘핑해주세요.

2. 컵에 민트를 넣고 얼음을 가득 넣어주세요.

3. 히비스커스 시럽과 탄산수를 부어주세요.

4. 1.을 올려주세요.

냉침 밀크티

대충 재료들을 넣고 냉장고에 방치하면 완성되는 냉침 밀크티!
진하고 달콤한 냉침 밀크티 꼭 만들어보세요.

재료

- 뜨거운 물 ··········· 70ml
- 연유 ····················· 35g
- 우유 ····················· 140g
- 홍차 티백 ············· 2개

도구

- 냉장고
- 밀크티용 공병

1. 공병에 뜨거운 물을 부은 뒤 홍차 티백을 접어 넣어주세요.
2. 5분 정도 우린 뒤 연유를 넣고 티백이 찢어지지 않게 살살 섞어주세요.
3. 우유를 넣어주세요.
4. 뚜껑을 닫아 냉장고에서 8시간 이상 냉침해주세요.

Tip

냉침밀크티는 냉장고에 2~3일 동안 보관이 가능합니다.
냉침이란 차가운 음료에 차를 담가서 우린다는 뜻이에요.
홍차를 차가운 우유에 넣어 우리는 음료로 떫은맛이 적고 깔끔하답니다.
홍차 향을 진하게 즐기고 싶다면 냉침 시간과 홍차의 양을 조금 늘려주시면 돼요.

동윤영은 홍콩의 커피에 밀크티를 섞음 음료예요.
홍차 시럽을 이용해 아주 간단하게 만들어 먹을 수 있답니다.

재료

홍차 시럽	30g
우유	200ml
에스프레소	20ml
얼음	가득
우유	거품

도구

에스프레소 추출기
핸드 믹서

1. 컵에 얼음과 우유를 넣어주세요.
2. 홍차 시럽과 에스프레소를 부어주세요.
3. 풍성한 우유 거품을 올려주세요.

수제 아이스티

'립톤'에서 벗어나 진짜 아이스티를 접해보세요.
향긋한 홍차 향과 달콤한 레몬 향, 그리고 깔끔한 뒷맛이 반겨줄 거예요.

재료

냉침 홍차 만들기
- 홍차 티백 ·············· 2개
- 차가운 물 ········· 450ml

아이스티
- 레몬청 ···················· 35g
- 설탕 시럽 ············· 10g
- 얼음 ······················ 150g
- 냉침 홍차 ········· 180ml

장식용
- 레몬슬라이스
- 장식용 로즈메리

도구
- 공병
- 냉장고

1. 공병에 차가운 물 450ml와 티백 2개를 넣고 냉장고에서 6~8시간 냉침해주세요.
2. 컵에 얼음을 넣어주세요.
3. 레몬슬라이스와 로즈메리를 넣어주세요.
4. 레몬청과 냉침 홍차를 부어주세요.

Tip

저는 레몬청을 사용했지만, 복숭아청이나 사과청 등 다른 여러 가지 과일청을 넣어서 만들어도 좋아요.

＊ 탄산을 즐기고 싶다면 탄산수냉침을 해보세요.
탄산수(500ml)를 열어 50ml 정도 따라낸 뒤 홍차 티백을 넣고 뚜껑을 닫아주세요. 그리고 기포가 빠져나가지 않게 뒤집어 냉장고에서 5시간 정도 우린 뒤 사용하면 된답니다.

말차라떼

말차를 부드럽게 즐기기 위한 방법, 말차라떼입니다.
취향에 따라서 말차의 양을 조절하며 즐겨주세요.

재료

- 말차 가루 ················ 4g
- 따뜻한 물 ············ 30g
- 설탕 ························ 20g
- 우유 ···················· 200ml
- 얼음 ························ 80g

1. 말차 가루와 설탕을 섞어주세요.
2. 따뜻한 물을 넣고 덩어리가 없도록 잘 저어주세요.
3. 컵에 얼음을 채우고 우유를 부어주세요.
4. 2.을 천천히 넣어주세요.

Tip

말차 가루에 물을 넣고 섞으면 덩어리가 생겨서 곱게 풀기 어려워요. 하지만 말차 가루에 설탕을 먼저 섞고 물을 넣으면 덩어리지지 않고 곱게 풀린답니다.

샷 그린티 라떼

커피의 향과 말차의 향, 두 개의 향이 만나 아주 짙은 향을 내는 라떼예요.

재료

말차 가루	3g
따뜻한 물	22g
설탕	15g
에스프레소	30ml
우유	140ml
얼음	가득

도구

냉장고
에스프레소 추출기

1. 말차 가루에 설탕을 넣어 섞어주세요.
2. 따뜻한 물을 붓고 덩어리가 없도록 잘 저어주세요.
3. 컵에 말차액을 부어주세요.
4. 얼음을 가득 채우고 우유를 넣어주세요.
5. 층이 생기도록 에스프레소를 천천히 부어주세요.

Tip

말차 가루에 물을 넣고 섞으면 덩어리가 생겨서 곱게 풀기 어려워요. 하지만 말차 가루에 설탕을 먼저 섞고 물을 넣으면 덩어리지지 않고 곱게 풀린답니다.

레드빈 그린티 프라푸치노

팥이 듬뿍 들어가 어르신들께서도 좋아하시는 음료예요.
팥이 가지는 특유의 단맛을 좋아한다면 꼭 시도해봐야 할 녀석이에요!

재료

프라푸치노

빙수용 팥 ············ 60g

설탕 ························ 15g

말차 가루 ················ 4g

우유 ···················· 200ml

얼음 ······················ 100g

장식용

스프레이 휘핑크림 적당량

도구

블렌더

1. 블렌더에 우유, 얼음, 말차가루 3g, 설탕을 넣고 곱게 갈아주세요.
2. 컵에 빙수용 팥을 넣고 넓게 펴주세요.
3. 1.을 부어주세요.
4. 휘핑크림을 듬뿍 올려주세요.
5. 남은 말차가루 1g을 살짝 뿌려 마무리해주세요.

과일

그냥 먹어도 맛있는 과일로
음료를 만들었어요.
1년 내내 **새콤달콤**한 홈카페 타임!

ddulgi

활용 용어, 알고 가기로 해요!

얼음 얼리기
37p

풍성한 우유 거품 만들기
39p

딸기청
42p

모르는 용어는 〈세상 진지한 초보 용어집〉을 확인해요.
전부 알겠으면 레시피 페이지로 고! 고!

간단하지만 맛은 보장하는 음료입니다.
찌는 듯한 여름날 달달 시원 상큼한 한 잔이 필요할 때는 슬러시가 제격이죠!

슬러시

재료

유자청 ········· 90g
얼음 ········· 280g
물 ········· 70g

장식용

허브

도구

블렌더
높은 컵

1. 블렌더에 모든 슬러시 재료를 넣고 곱게 갈아주세요.

2. 컵에 높게 담아주세요.

3. 허브를 올려 마무리해주세요.

Tip

1. 유자청이 아닌 다른 과일로도 만들 수 있어요. 딸기나 자몽청 등을 활용해서 시원하게 만들어보세요.

리얼 딸기우유

진짜 딸기로 만든 딸기우유예요.
시중에 파는 딸기우유와는 다른 깊은 맛을 느끼실 수 있답니다.

재료

딸기우유

딸기청 ········· 40g
생딸기 ········· 3개
우유 ········· 200ml
얼음 ········· 6조각

장식용

얇게 슬라이스한 딸기
레몬 타임

1. 컵에 얇게 슬라이스한 딸기를 붙여 준비해주세요.
2. 딸기청을 부어주세요.
3. 생딸기 3개를 작게 깍뚝썰기해서 넣어주세요.
4. 얼음을 채우고 우유를 천천히 부어주세요.
5. 레몬 타임을 올려 장식해주세요.

Tip

딸기청을 담글 시간이 없다면 딸기 2:설탕 1 비율로 볼에 넣고 포크로 곱게 으깨서 사용해주세요. 오래 보관하지 않고 바로 먹을 것이기 때문에 설탕의 양을 줄여도 문제가 없답니다.

늦가을 빨갛게 농익은 홍시, 좋아하시나요? 입안에서 사르르 녹는 홍시가 우유에 빠져들었어요!
고운 색감과 그게 못지않은 부드러운 맛을 가진 홍시우유입니다.

재료

홍시 우유

홍시 ······ 100g
꿀 ······ 1큰술
얼음 ······ 100g
우유 ······ 100g

장식용

민트 허브

도구

블렌더

1. 냉동 홍시와 꿀을 블렌더에 넣고 곱게 갈아 준비해주세요.
2. 사용한 잔에 얼음을 채우고 1.을 넣어주세요.
3. 우유를 부은 뒤 스푼으로 우유와 홍시를 살짝 섞어주세요.
4. 민트를 올려 마무리해주세요.

딸기바나나 우유

알 사람은 안다는 그 조합, 딸기와 바나나입니다.
딸기의 신맛을 바나나의 부드러움이, 바나나의 부족한 향을 딸기가 보완해주는 완벽한 조합!

재료

딸기바나나 우유

딸기 ······················ 130g
바나나 ················· 130g
설탕 ················ 2작은술
얼음 ····················· 6조각
우유 ···················· 100ml

장식용

아이스크림 1스쿱
레몬 타임

도구

아이스크림 스쿱
블렌더

1. 블렌더에 바나나, 딸기, 설탕, 얼음, 우유를 넣고 곱게 갈아주세요.
2. 컵에 1.을 부어주세요.
3. 아이스크림을 한 스쿱 올려주세요.
4. 레몬 타임으로 장식해주세요.

리얼 사과우유

사과맛 우유? '이 무슨 끔찍한 혼종인가!'라고 생각하셨겠지만, 예상 외로 잘 어울리는 것이 함정!
한 번 드셔보시면 어느새 사과청을 담그고 있는 자신을 발견하실 수 있습니다.

재료

사과 우유

사과청 ···················· 30g
사각 얼음 ·········· 4조각
우유 ···················· 170ml
우유 거품

장식용

사과슬라이스
로즈메리

도구

핸드 믹서

1. 고블렛잔에 사과청과 우유를 넣어주세요.
2. 얼음을 넣은 뒤 우유 거품을 풍성하게 올려주세요.
3. 슬라이스한 사과와 로즈메리로 장식해주세요.

우유

우유는 홈카페를
더 매력적으로 만들어주죠.
부드럽고 깔끔한 맛,
다양한 방법으로 즐기세요.

활용 용어, 알고 가기로 해요!

얼음 얼리기
37p

풍성한 우유 거품 만들기
39p

흑당 시럽
40p

모르는 용어는 〈세상 진지한 초보 용어집〉을 확인해요.

전부 알겠으면 레시피 페이지로 고! 고!

쿠앤크 셰이크

오레오의 쌉쌀한 맛과 밀크셰이크의 부드러운 단맛이 잘 어우러진 녀석이에요.
간단하게 만들 수 있어 자주 즐기는 편이랍니다.

재료

셰이크

오레오 쿠키 ·········· 5개
우유 ···················· 150ml
얼음 ······················ 100g
아이스크림 ········ 2스쿱

장식용

스프레이 휘핑크림
오레오 쿠키
장식용 허브

도구

블렌더

1. 블렌더에 모든 셰이크 재료를 넣고 곱게 갈아주세요.

2. 1.을 컵에 옮겨 담아주세요.

3. 스프레이 휘핑크림을 듬뿍 올려주세요.

4. 장식용 오레오와 장식용 허브를 올려 장식해주세요.

쑥 아포가토

몸에도 좋고 맛도 좋고 보기에도 좋은 쑥과 아포가토가 만났어요!
흔한 아포가토가 질리셨다면 쑥과 함께 즐겨보는 건 어떨까요?

재료

쑥 가루 ······················ 3g
우유 ························· 50g
아이스크림 ········ 2스쿱
호두 ··················· 적당량

도구

아이스크림 스쿱

1. 쑥 가루에 우유를 넣고 부드럽게 섞어주세요.
2. 컵에 아이스크림을 퍼주세요.
3. 1.을 부어주세요.
4. 호두를 뿌려 마무리해주세요.

Tip

쑥이 아닌 녹차나 에스프레소를 넣어 즐겨도 좋아요.

쑥 크림밀크

향긋한 쑥 향과 부드러운 우유 거품이 만나면 상상 이상의 풍부한 맛을 느낄 수 있어요.
고운 색과 건강은 덤!

재료

쑥 ···························· 4g
휘핑크림 ············· 60g
우유 ··················· 200ml
얼음 ··················· 8조각
설탕 ······················ 10g

1. 휘핑크림에 설탕과 쑥 가루를 넣고 티스푼으로 잘 섞어주세요.
2. 우유 거품기로 걸쭉해질 때까지 1분간 휘핑해주세요.
3. 컵에 얼음을 담고 우유를 부어주세요.
4. 2.을 우유 위에 천천히 부어주세요.

Tip

2. 살짝 걸쭉하고 떨어진 자국이 남지 않고 바로 사라지는 정도예요.

민초단이라면 식후에 민트초코 한 잔은 필수죠!

초코 크림

재료

휘핑크림 ··············· 70g
설탕 ························· 7g
코코아 파우더 ········ 7g
우유 ····················· 2큰술

민트초코우유

우유 ··················· 250ml
민트 시럽 ············· 25g
얼음 ······················ 가득

장식용

빈츠 과자(선택)

도구

우유 거품기

초코 크림 만들기

1. 휘핑크림에 설탕과 코코아 파우더를 넣고 스푼으로 섞어주세요.
2. 분량의 우유를 넣고 우유 거품기로 남은 코코아 파우더가 잘 풀리도록 섞어주세요.

민트초코우유 만들기

3. 컵에 얼음을 채우고 우유를 부어주세요.
4. 민트 시럽을 넣고 섞어주세요.
5. 민트 우유 위에 2.을 천천히 부어주세요.
6. 장식으로 빈츠를 부숴서 올려줍니다.

Tip

2. 완성된 크림은 떨어진 자국이 보일 정도의 질감이에요.

옥수크림 셰이크

아이스크림과 옥수수, 얼핏 보면 어울리지 않을 것 같지만
아이스크림과 함께 씹히는 옥수수의 쫀득함을 맛보시면 감탄이 절로 나오실 거예요.

재료

아이스크림 ········ 3스쿱
얼음 ························ 80g
우유 ························ 60g
스위트콘 국물 ······ 20g
스위트콘 ············ 3큰술

도구

블렌더

1. 블렌더에 스위트콘을 제외한 모든 재료를 넣고 10초 정도 갈아주세요.
2. 컵에 1.을 반 정도 담아주세요.
3. 스위트콘을 2큰술 넣은 뒤 나머지 셰이크를 모두 부어주세요.
4. 스위트콘을 한 큰술 올려서 마무리해주세요.

Tip

얼음이 많이 들어가야 시원한 옥수수크림의 맛을 느낄 수 있어요. 부드럽게 먹고 싶다면 얼음의 양을 조금 줄여주세요.

고구마를 촉촉하고 부드럽게 즐기고 싶을 때,
달콤하고 든든한 한 잔이 필요할 때, 고구마우유 어떠신가요?

재료

고구마우유

삶은 고구마 ········ 100g
우유 ························ 40g
꿀 ··························· 20g
우유 ···················· 200ml
우유 거품

장식용

슬라이스한 고구마 1개

도구

핸드 믹서

1. 부드럽게 삶은 고구마를 으깨서 준비해주세요.
2. 1.에 우유와 꿀을 넣고 섞어주세요.
3. 컵에 2.을 넣고 티스푼으로 벽면에 발라 모양을 내주세요.
4. 우유를 넣고 우유 거품을 풍성하게 올려주세요.
5. 얇게 슬라이스한 삶은 고구마를 우유 거품 위에 조심스럽게 올려주세요.

흑당의 진한 향과 함께 쫄깃하게 씹히는 타피오카는 언제나 옳은 선택이죠.

재료

- 타피오카 펄 ········· 60g
- 흑당 시럽 ············· 30g
- 우유 ···················· 250ml
- 얼음 ······················ 가득

도구

가스레인지

1. 끓는 물에 해동한 타피오카 펄을 넣고 20분 정도 삶은 뒤 뚜껑을 덮고 10분 정도 뜸 들여주세요.
2. 차가운 물에 헹구고 물기를 제거해주세요.
3. 컵에 타피오카 펄을 넣어주세요.
4. 흑당 시럽을 시럽통에 넣고 컵의 안쪽 면에 흘리듯이 발라주세요.
5. 컵에 얼음을 가득 채우고 우유를 부어주세요.

Tip

4. 시럽통이 없다면 시럽을 넣고 컵을 돌려가면서 컵의 벽면에 묻혀주세요.
흑당 시럽을 만들기 번거롭다면 마트에서 판매하는 흑당 시럽을 사용해도 좋아요.

달고나우유

달고나의 바삭한 식감과 우유에
하늘하늘 녹아내려 우러나오는 은은한 단맛이 아주 매력적이에요.

재료

달고나
설탕 ······ 200g
베이킹소다 ······ 4g
올리고당 ······ 40g

우유 ······ 220ml
달고나 ······ 30g
얼음 ······ 120g

도구

가스레인지
유산지
실리콘 주걱

달고나 만들기

1. 냄비에 설탕과 올리고당을 넣고 약불에서 설탕을 녹여주세요.
2. 설탕이 모두 녹고 연한 캐러멜색이 올라오면 베이킹소다를 넣어주세요.
3. 달고나를 종이 유산지나 테프론시트 위에 부어주세요.
4. 달고나가 딱딱하게 굳으면 작게 쪼개서 준비해주세요.
5. 컵에 얼음과 우유를 부어주세요.
6. 작게 부순 달고나를 올려주세요.

Tip

베이킹 소다를 넣기 전 실리콘 주걱으로 살살 천천히 저어가며 설탕이 모두 녹았는지 꼭 확인해주세요.

아이스 에그노그

달콤하고 쫀쫀한 질감과 커스터드 크림 같은 맛의 달걀 거품이 얹어진 에그노그.
궁금하시다면 지금 바로 한 잔, 어떠세요?

재료

2잔

우유 ······················ 250g
황설탕 ···················· 30g
노른자 ····················· 2개
바닐라 익스트랙 1/2tsp
시나몬 파우더··· 1/2tsp
넛맥 가루 ········ 한 꼬집
생강 가루 ············· 1tsp
(없으면 생략 가능)

장식용

올리고당 ·········· 적당량
황설탕 ·············· 적당량
얼음 ······················· 80g

도구

거품기
가스레인지
주걱
체
냉장고

1. 냄비에 우유, 황설탕, 달걀노른자를 넣고 거품기로 저어주세요.

2. 약불에서 82℃가 될 때까지 주걱으로 쉬지 않고 저어주세요.

3. 바닐라 익스트랙, 시나몬 파우더, 생강 가루를 넣고 거품기로 섞어주세요.

4. 체에 거른 뒤 냉장고에 넣어 1~2시간 충분히 식혀주세요.

5. 컵의 입구에 올리고당, 황설탕 순으로 묻혀주세요.

6. 컵에 얼음을 넣고 충분히 식힌 4.을 부어주세요.

2. 손으로 그었을 때 선명하게 자국이 남는 정도까지 데워주세요.

ddulgi

ddulgi

뚤기네

방구석
홈카페

뚤기's 픽!

뚤기의 **인기 유튜브 영상**을 레시피로 만들었어요.
세상 달콤한 디저트를 모두 만나는 그날까지!

5분 우유 아이스크림

재료

- 우유 ··················· 100ml
- 생크림 ·············· 100ml
- 설탕 ··················· 1Tbsp
- 바닐라 익스트랙 1/2tsp
- 얼음
- 굵은 소금 ·········· 1/2컵

도구

- 지퍼백 큰 사이즈
- 지퍼백 작은 사이즈
- 끈
- 장갑 혹은 수건
- 아이스크림 스쿱

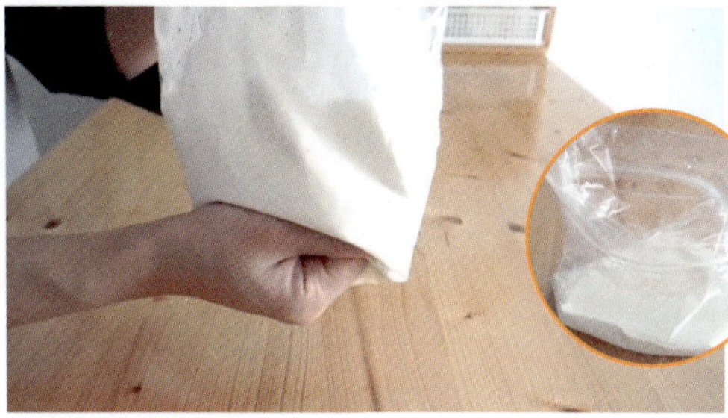

1. 작은 지퍼백에 우유, 생크림, 설탕, 바닐라 익스트랙을 넣고 섞어주세요.

2. 큰 사이즈의 지퍼백에 얼음과 굵은 소금을 넣어주세요.

3. 지퍼백을 닫고 끈으로 입구 부분을 묶어주세요.

4. 2. 안에 3.을 넣고 지퍼백을 닫아주세요.

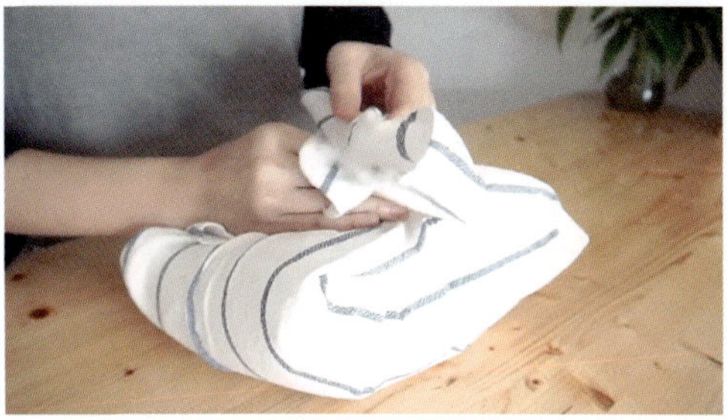

5. 손에 장갑을 끼거나 지퍼백을 수건으로 감싸주세요.

6. 단단하게 얼 때까지 흔들거나 주물러주세요.

Tip

5. 지퍼백이 무척 차가워요. 손을 따뜻하게 하고 쉐킷 쉐킷! 흔들어주세요.

7. 아이스크림이 만들어졌어요.

8. 아이스크림 스쿱으로 그릇에 담아 완성해주세요.

카루메야키
(일본식 달고나)

우리나라 달고나와는 다르게 가볍고 바삭한 식감을 가지고 있는 일본식 달고나예요.
부풀어 오르면서 마치 소보루처럼 갈라지는 것이 참 재밌답니다.

재료

1개 분량

- 달걀흰자 ··········· 1Tbsp
- 베이킹소다 ········ 1Tbsp
- 황설탕 ···················· 4tsp
- 물 ··························· 2tsp

도구

- 국자
- 나무젓가락
- 우유 거품기

1. 달걀흰자를 우유 거품기를 이용해 풍성하게 거품을 내주세요.

2. 베이킹소다를 넣고 잘 섞어두세요.

3. 국자에 백설탕과, 흑설탕, 물을 넣고 중불에서 데워 주세요.

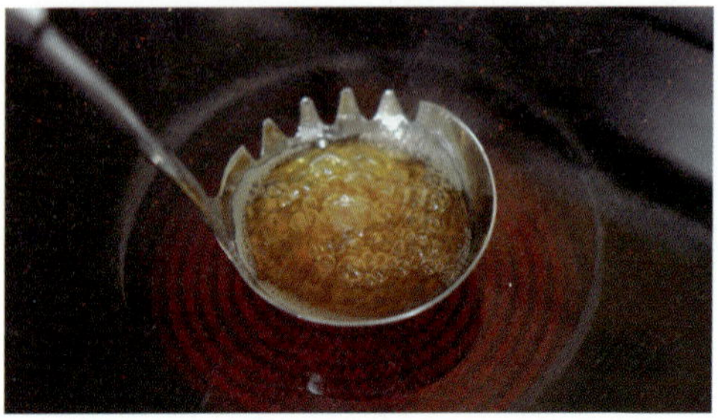

4. 처음엔 시럽이 물처럼 묽고 작은 거품이 올라와요.

5. 계속 끓이다 보면 거품의 크기가 크게 천천히 꺼지고 나무젓가락으로 퍼 올렸을 때 잔거품들이 딸려 올라와요.

6. 불에서 내려 소다 거품을 조금 퍼서 넣고 재빠르게 섞어주세요.

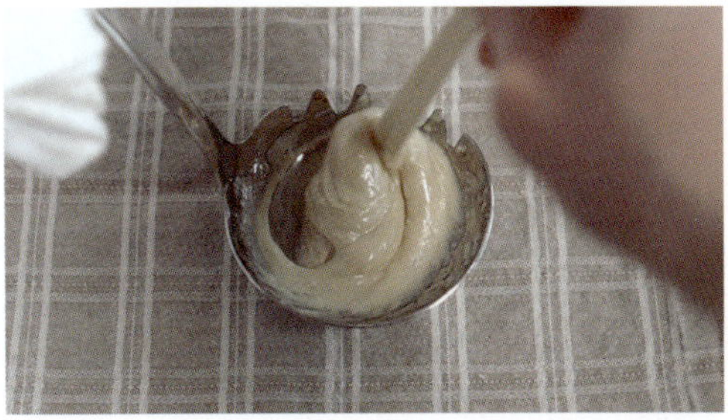

7. 쉬지 않고 젓다 보면 거품이 살짝 적어지면서 색이 진해져요.

8. 다시 거품이 몽글몽글하게 올라오면 젓는 걸 멈춰주세요.

9. 카루메야키는 국자에 열을 가한 뒤 스푼으로 밀어서 떼어주세요.

딸기 탕후루

상큼한 딸기를 달콤한 설탕 시럽으로 코팅한 반짝반짝 귀여운 탕후루예요.
오독오독한 식감에 달콤새콤한 맛까지! 한 번 도전해보세요!

재료

18개 분량

- 백설탕 ········ 1컵
- 물 ········ 1/2컵
- 물엿 ········ 1tsp
- 딸기 ········ 18개

도구

- 실리콘 붓
- 냄비
- 나무 꼬치
- 스푼
- 키친타월
- 스티로폼
- 과일 세정제

준비

1. 딸기는 무르지 않고 신선한 딸기를 준비해주세요.
2. 과일 세정제로 딸기를 세척해 준비해주세요.
3. 높이가 낮고 넓은 냄비보다 높고 좁은 냄비를 사용해주세요.

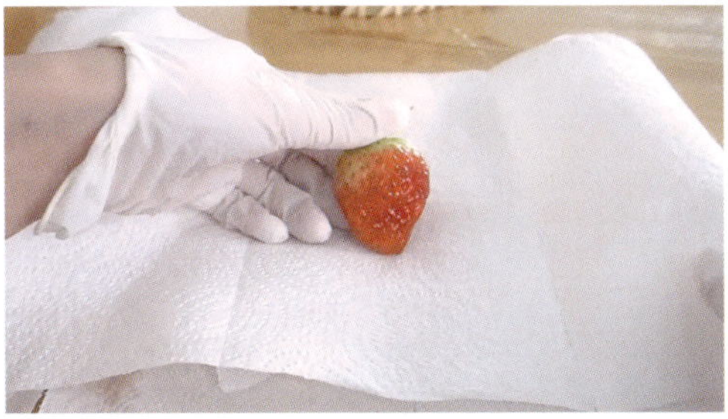

1. 키친타월로 딸기 표면의 물기를 닦아주세요.

2. 딸기의 꼭지 부분도 꼼꼼하게 닦아주세요.

3. 나무 꼬치를 딸기의 중앙 부분에 일자로 단단하게 꽂아주세요.

4. 냄비에 백설탕과 물, 물엿을 넣고 중불에 올려 젓지 않고 그대로 끓여주세요.

5. 물이 끓고 설탕이 녹으면 약불로 줄여서 끓여주세요.

6. 중간중간 실리콘 붓에 물을 묻혀 냄비 가장자리에 튄 설탕 시럽을 닦아주세요.

Tip

작업 도중 시럽이 굳은 경우, 약불에 올려 살짝 끓이면 시럽이 다시 묽어져요. 그럼 다시 불에서 내려 나머지 딸기를 코팅해주시면 됩니다.
냄비에 물을 채우고 사용한 소도구를 모두 냄비 안에 넣은 뒤 팔팔 끓이면 굳은 사탕을 손쉽게 녹일 수 있어요.

7. 거품이 크게 부풀었다 천천히 꺼지고 시럽의 색이 연노랑색을 띄기 시작하면 얼음물에 시럽을 조금 덜어 넣어주세요.

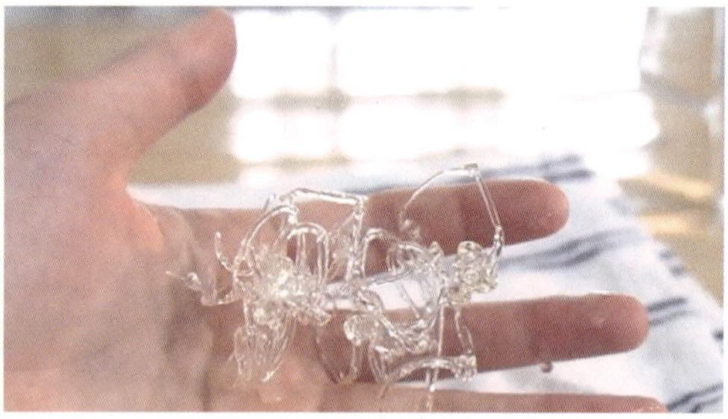

8. 시럽이 떨어지는 모양대로 굳고 또독또독 소리가 나며 손으로 눌렀을 때 바사삭 부서지고 깨물었을 때 이빨에 달라붙지 않으면 시럽을 불에서 내려주세요. (135~140℃)

9. 냄비를 기울여 시럽을 모아주세요.

10. 3.의 딸기를 시럽에 넣어 한 바퀴 돌린 뒤 빼주세요.(오래 담그면 딸기가 익고 설탕 코팅이 두꺼워져요.)

11. 박스나 스티로폼에 꽂아 5분 정도 굳혀주면 완성입니다.

Tip

높이가 낮고 넓은 냄비보다 높고 좁은 냄비를 사용해주세요.
탕후루는 시간이 지날수록 과일에서 수분이 나와 사탕이 녹아 찐득해지기 때문에 빨리 먹는 게 좋아요.

삼불점

삼불점은 중국 요리로 그릇·치아·젓가락 3가지에 붙지 않는다고 해서 '삼불점'이라고 불려요.
살짝 식은 뒤에 먹으면 식감이 굉장히 쫀득하고 커스터드 크림처럼 달콤하답니다.

재료

- 달걀노른자 ············ 4개
- 물 ························ 120g
- 타피오카 전분 ····· 25g
- 백설탕 ·················· 40g
- 식용유 ·················· 24g

도구

- 유리 볼
- 거품기
- 체
- 프라이팬
- 실리콘 주걱

1. 달걀노른자에 설탕을 넣고 거품기로 섞어주세요.

2. 물과 타피오카 전분을 섞어주세요.

3. 1.에 2.을 넣고 거품기로 섞은 뒤 체에 걸러 준비해 주세요.

4. 중불에 프라이팬을 올리고 식용유 8g과 3.을 넣은 뒤 실리콘 주걱으로 저어가며 3~4분 동안 익혀주세요.

5. 3분이 지나면 오일 8g을 넣고 중불에서 5분 정도 쉬지 않고 반죽을 때려주세요.

6. 반죽의 색이 진해지고 한 덩어리로 뭉쳐지는 상태가 되면 마지막 오일 8g을 넣어주세요.

7. 기름이 잘 섞이도록 2분 정도 반죽을 때려주세요.

8. 모양을 잡아 접시에 담아주세요.

뚤기네 방구석 홈카페

초판 1쇄 인쇄 2020년 7월 27일
초판 2쇄 발행 2022년 11월 7일

지 은 이 뚤기
펴 낸 이 권기대
펴 낸 곳 베가북스

출판등록 2021년 6월 18일 제2021-000108호
주　　소 (07261) 서울특별시 영등포구 양산로17길 12, 후민타워 6~7층
주문 및 문의 (02)322-7241 팩스 (02)322-7242

ISBN 979-11-90242-52-3 13590

※ 책값은 뒤표지에 있습니다.
※ 좋은 책을 만드는 것은 바로 독자 여러분입니다.
베가북스는 독자 의견에 항상 귀를 기울입니다.
베가북스의 문은 항상 열려 있습니다.
원고 투고 또는 문의사항은 vega7241@naver.com으로
보내주시기 바랍니다.

홈페이지 www.vegabooks.co.kr
블로그 http://blog.naver.com/vegabooks
인스타그램 @vegabooks 페이스북 @VegaBooksCo 이메일 vegabooks@naver.com